STYLE

STYLE

STYLE

STYLE

善用四種天生傾向，
改變習慣與人際關係，讓日子越過越輕鬆

理想生活的起點

THE FOUR TENDENCIES

The Indispensable Personality Profiles
That Reveal How to Make Your Life Better

《紐約時報》暢銷作家
Gretchen Rubin
葛瑞琴・魯賓——著
張瓅文——譯

○

「紀律就是我的自由。」

自律者：達成外界期待。達成內心期待。

○

「我會遵守，只要你能說服我。」

質疑者：抗拒外界期待。達成內心期待。

○

「你不能逼我，我也無法強迫自己。」

叛逆者：抗拒外界期待。抗拒內心期待。

○

「你可以信賴我，我也指望你會信賴我。」

盡責者：達成外界期待。抗拒內心期待。

○

目錄
Contents

第一部

找到你的傾向

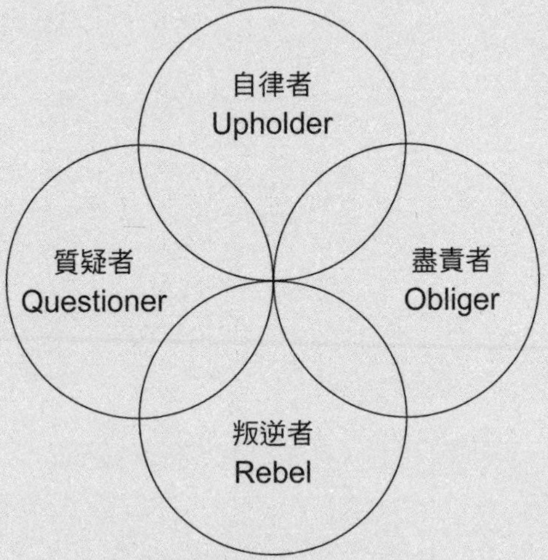
自律者
Upholder
質疑者
Questioner
盡責者
Obliger
叛逆者
Rebel

第1章

四種傾向

在某個冬風強勁的午後，我走進大西洋碳烤餐廳，當時的我並未意識到，與友人接下來的這段對話，將對我的未來產生至關重要的影響。

當我咬下眼前的起士漢堡，友人正吃著沙拉時，她不假思索地說：「我想要養成跑步的習慣，但就是做不到，這真的很煩。」她接著補充道：「我高中參加田徑隊時，從沒缺席過任何一次練習，但為什麼現在就辦不到？」

她的這段話在我心頭縈繞多年。

「為什麼呢？」我回應她。

「妳知道的啊，現在要留點時間給自己真的很難。」

「嗯。」我說。

接下來，我們又聊了一些其他不相干的事情，兩人道別後，我卻忍不住一直回想過去的情景。她還是我高中時認識的那個人，想做的事情也沒變，既然她之前可以維持跑步習慣，為什麼現在做不到？是因為年齡？動機？家庭？地點？團隊精神？還是有什麼其他原因？

她以為大家都有「私人時間不夠」的困擾，但其實我沒有。那麼我倆的差別究竟為何？

在接下來的幾年裡，我努力尋找這個問題的答案。

我是如何發現人有四種傾向

有人說，這世界上有兩種人：一種是會把所有人進行分類的那種，另一種則不會。我肯定是前者。

我最大的興趣就是探討人性，不停尋找人類行為及其背後的規律。

這些年來，我一直在研究快樂與習慣。我慢慢了解到，**要建立一個快樂、健康、更具生產力的人生，靠的可不是魔法，而且也沒有一體適用的答案**。不同的人需要不同的策略。事實上，在這個人身上管用的方法，在別人身上不見得有效。有些人是早起的鳥兒，有些人則是夜貓子；有些人在強烈誘因下表現較好，有些人只需適時提醒即可；有些人喜歡簡單，有些人則渴望豐富。

事情還不只如此。當我思索著友人對自身跑步習慣的觀察，我意識到在「早鳥與夜貓子」更深入的不同，存在某種足以塑造人類個性的根本差異——某種非常深邃卻又十分明顯的特徵——我卻一直沒看出來。

為了找出到底漏掉什麼，我在個人網站上貼出幾個問題，希望網友們幫忙回答。問題包括：「你對新年計畫有什麼看法？」、「你會遵守交通規則嗎？會還是不會，為什麼？」、「你是否曾因為好玩而報名某個課程？」隨著網友的答案湧入，我在不同的答案中發現明顯的規律。真的很奇妙，彷彿大家的答案都有志一同地差不了多少。

舉例來說，關於新年計畫的問題，有一部分人給出的答案幾乎如出一轍：「如果有必要的話，我會制定計畫並執行，但我不會選在新年第一天開始做，因為一月一號這個日期對我而言只是隨意的一天，沒有任何意義。」

所有人都用了「隨意」一詞。這個詞引起了我的興趣，因為一月一號這個日期是否隨意對我來說從來就不是問題。但這些人卻給出相同的答案。他們還有什麼其他共通點呢？

還有更多人說：「我再也不訂新年計畫，因為基本上都做不到，我也一直沒什麼自己的時間。」

另一群人則說：「因為我不想綁住自己，所以我從不訂計畫。」

我知道這些答案背後存在某種意義，但就是看不明白。

反覆思考多月後，我終於想通了。我坐在家中書房時，碰巧瞄了一眼字跡潦草的待辦事項——我突然開竅了。

這個最簡單、最關鍵的問題就是：「**你如何面對期待？**」

我找到了！

我可以深深體會到阿基米德走出浴缸時的興奮之情。

我坐在書桌前一動也不動，但心中湧現許多關於期待的思緒。在當下，我意識到每個人一生都會面對兩種期待：

外界期待：他人對我們的期待，例如工作完成期限。

內心期待：我們對自己的期待，例如執行新年計畫。

接下來是我的重要發現：依照人們對上述兩種期待的反應，結果大致可分為四類：

1. **自律者**：對外界期待與內心期待皆有回應。
2. **質疑者**：對任何期待都會提出質疑，唯有在合理情況下才願意達成期待；換言之，這類人只對個人內心期待有所回應。
3. **盡責者**：在內心掙扎下，依然會做好外界期待的事情。
4. **叛逆者**：抗拒所有的期待，無論是外界或內心期待都一樣。

就是如此簡單。當初在我心中簡單而直白的問題，答案就是，無論是誰，都會屬於上述四種類型之一。

現在，我終於知道友人為何無法如願養成運動習慣：因為她屬於盡責者。當她參加田徑隊時，在教練的期待下，要她按時練習不成問題；但在面對個人的內心期待時，她就會出現掙扎。我現在也能理解，為何在新年計畫的問題上，會不斷得到類似的答案。而且，我還發現更多有趣的事情。

四種傾向的架構清楚勾勒出我所觀察到的行為模式，我也終於理解其他人看某些事情的感覺——只是大家都沒特別注意罷了。

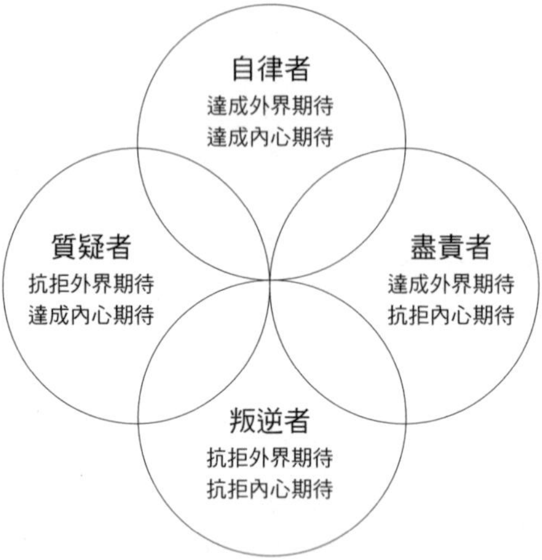

當我以四個對稱、重疊的圓圈，在紙上畫出一套完整的行為系統後，其所勾勒出的線條看起來倒像是精緻的厥葉或鸚鵡螺。我真心覺得自己揭開了某種自然法則：人性。

也或者說，我創造了某種像霍格華茲學院分類帽的東西。

勾勒出框架後，我開始深入一探究竟，寫下〈命中注定的四種傾向〉一文，該文也變成《烏托邦的日常：習慣改變了，生活就輕鬆了》（*Better Than Before*）一書的第一章，這本書是關於改變習慣；我在個人網站（gretchenrubin.com）中撰寫關於四種傾向的資訊；我跟我妹伊麗莎白．克拉夫特（Elizabeth Craft）共同主持廣播節目〈與葛瑞琴一起更快樂〉，我們會在節目中討論四種傾向。每次討論與傾向相關的話題時，都會獲得讀者與聽眾積極迴響。

大多數的人都可以從簡單的描述中找出自己的傾向，但針對不確定或想要分析答案的讀者，我設計出一套測驗。已經有許多人接受過第二章中的四種傾向測驗，讀者也能在happiercast.com/quiz網站上進行測試。看到受測者的答案以及個人經驗分享，讓我有了更進一步的想法。（我注意到的其中一件事情，就是個人傾向會影響人們接受測驗的意願。質疑者會問：「為什麼要花時間和精力來接受測驗？」而叛逆者會想：「你是要我接受測驗嗎？我才不要咧。」）

為了測試我對四種傾向的觀察是否客觀，我決定以框架內容為主題，在美國以成人為主要群體進行研究，不分地區、性別、年齡與收入。

至於我發現最重要的事情是什麼？就是四種傾向的分布。在這四種傾向當中，盡責者人數最多，高達百分之四十一；其次是質疑者，占百分之二十四；叛逆者最少，占百分之十七；跟我一樣屬於自律者傾向的人，占百分之十九，只比叛逆者略高一點，這讓我挺訝異的。

這項研究也證實了我的許多觀察：舉例來說，提到新年計畫時，自律者會選擇制定；叛逆者會表示討厭；質疑者只有在對的時機才會進行，而不是隨興所至去做；盡責者往往會選擇放棄，因為他們還困在先前未完成的任務之中。

在修正框架內容時，我參考了紅綠燈的概念，賦予每種傾向所代表的顏色。黃色代表質疑者，因為黃燈是提醒我們要先「等待」，才決定是否要繼續前進，而質疑者在做出符合他人期待的事情之前，總是會先問：「等等，為什麼？」；綠色代表盡責者，隨時都準備「前進」；紅色代表叛逆者，通常都會選擇「停下」或說「不」。因為這個世界上的紅綠燈沒有第四種顏色，我就自己為自律者選擇藍色——看起來挺適切的。

我在四種傾向的領域研究越深入，就越能感受到其巨大影響。在我們思考傾向的同時，也能更深入認識自己。這種自我認識（self-knowledge）很重要，因為**唯有以個人的本質、興趣與價值為基礎，才能建立快樂的人生**。

同樣重要的是，我們在認識四種傾向時，也能更加了解他人。清楚他人的傾向特質，便能與對方一同有效率的生活與工作——像是同事和上司、教師和教練、丈夫與妻子、父母與小孩，以及醫護人員與患者。
認識四種傾向有助於我們更進一步認識這個世界。

四種傾向如何影響個人特質

我們的個人傾向是與生俱來的，與家中排行、教養方式、宗教信仰、性別都毫無關係，與性格外向、內向亦無關，更不會因為我們是在家、在公司或是與不同朋友相處而有所改變，也不會隨著年齡增長而有什麼不同。每個人的傾向都是與生俱來的。

大部分人都不偏不倚地落入這四個區塊的其中之一，這點就某種程度而言還真讓我意外。雖然有時很難判斷一個孩子的傾向（我到現在都還不知道我的其中一個女兒到底是屬於哪種傾向），但在成人身上，我們可以清楚看出一個人行為處事的根本是屬於哪一類。

除非是經歷重大巨變、導致重塑人格的遭遇，例如瀕死經驗、重大疾病或嚴重成癮，否則一個人的傾向並不會輕易改變。

不過，在某些歷史背景或情況下，個人傾向在我們進入社會的道路上，或多或少都有所助益。例如在北韓，質疑者的問題可能會讓他身陷囹圄；但在矽谷，質疑者的問題可能會為他取得晉升機會。

此外，人類的性格百百種，即便是具有相同傾向的人，個性也會迥異。無論個人傾向為何，有些人就是比別人更體貼或更具野心、聰明、控制欲、魅力、仁慈、焦慮、活力或冒險性。這些特質都大大影響了一個人如何表現自己的傾向。一個具有野心的叛逆者若想成為受人尊敬的企業領導者，其所表現出來的行為模式，就會與不在意工作成功與否的叛逆者有所不同。

有人會說自己具有多重傾向。他們會說：「我是盡責者，同是時也是自律者。」或者「我在不同的地方或跟不同的人在一起時，就會有不同的傾向。」這些話看似合理，但我要強調一件事：只要我再多問幾個問題，這些人都會落入其中一種相同的傾向，幾乎毫無例外。

沒錯，我們在〈傾向中的差異〉一節中會討論到，每種傾向都與另外兩種傾向有所重疊，而人們通常會偏向其中一方，但無論如何，自己所屬的傾向依然占主導地位。

當然，無論一個人最根本的傾向為何，每個人身上都或多或少有一部分的自律者、質疑者、盡責者和叛逆者的特質。

無論是誰，在面對無法承擔的後果面前，最終都會做出符合期待的事。叛逆者付過幾張高額罰單後，也會乖乖繫上安全帶。

每個人或許都會問，為什麼自己要符合期待？為什麼要因為沒效率而討人厭？為什麼要拒絕看似沒道理的事情？

我們在某種程度上都必須達成期待，因為這對某些人來說很重要。如果孩子在醫院剛做完手術，即便是最堅持的自律者，也會選擇缺席星期一的定期晨會。

無論個人傾向為何，人人都想要有自主性。我們都希望他人是請託我們做事，而不是命令。此外，一旦受到他人控制的感覺過於強烈，就可能會引發「抗拒」——反抗對個人自由或選擇權構成威脅的事情。

有一次，我在一場會議中描述四種傾向之後，有位聽眾過來找我，說：「我認為每個人開車的速度，只要在保證安全的情況下，就不該受到任何限制。所以我肯定是個質疑者！」

我笑而不答。事實上，這件事情並非是說「因為我無視速限，所以我是質疑者」或「我不喜歡，所以我是個叛逆者」或「我喜歡列出待辦事項，所以我是個自律者」如此簡單。要找出自己的傾向，就得考慮許多個人行為的例子，以及行為背後的原因。舉例來說，質疑者和叛逆者可能都會拒絕做出符合期待的事情，但質疑者是想：「我不做是因為這毫無道理。」而叛逆者是想：「我不做是因為你無權告訴我我該做什麼。」

我發現在四種傾向當中，每一種都有其難搞的特質。大多數人（包括屬於這兩種傾向的當事者，或是與他們相處的人）都覺得和盡責者與叛逆者相處最具挑戰性。（這也是為什麼本書中介紹盡責者與叛逆者的章節比自律者和質疑者還長。）

許多人都會將我的四種傾向架構跟其他性格測驗做比較，例如五大性格特質、個人優勢分析、九型人格測試、邁爾斯・布裏格斯性格分類法、VIA二十四種人格測試——甚至是霍格華茲的分類帽。

對於任何一種有助於深入了解人性的探究方法，我都非常感興趣，但我不認為把「這個」與「那個」畫上等號是正確的做法。每一套架構都有特定的洞察機制，但如果要把所有系統全攬在一起，洞察機制就無法發揮作用；沒有任何一種系統能完整且深入的描述人性的多樣性。

此外，我想，有許多性格測驗已經在其分類中塞入太多的細節成分。相較之下，本書所提出的四種傾向雖然描繪出人類性格的重要面向之一，但這也只是構成一個人身上多重特質中的一部分。本書中的四種傾向會向讀者解釋，人們為何會採取行動，又或者什麼都不做。

認識各種傾向的益處

每當描述四種傾向時，有時候我總覺得，人們想要找出「最好」的傾向，然後把自己塞入該選項中。但事實上，傾向之間沒有所謂的好與壞。世界上最快樂、最健康、生產力最高的人都不是屬於特定的傾向，而是懂得如何揚長避短、打造人生的人。

透過四種傾向中蘊含的智慧、經驗與自我認識，我們便能更加有效利用時間、做出更好的決定，也能減輕壓力、增加健康，並且與他人有效互動。

然而，如果不知道自己屬於哪種傾向，就可能與成功擦身而過。舉例來說，有個作家經紀人曾告訴我：「我認識一個報社記者，工作表現非常好，總是準時交稿，工作紀律也沒問題。但他現在離開報社之後，改去寫書，結果就出現了寫作障礙。」

「我敢說那不是寫作障礙，他應該是個盡責者。」我說：「之前要他按時交稿都沒問題，但是一旦交稿時間較長，加上又沒人管，他就無法按照進度工作。他應該要讓編輯每週追蹤進度，或是加入作家社群，或是你可以要求他每個月都交一點東西給你。就是需要一點外部問責的壓力罷了。」

還有，如果不了解四種傾向，可能就會出現不切實際的假設，認為人是會改變的。有一位女性讀者寫信告訴我：「我的丈夫是屬於叛逆者類型，一想到他的本質是這樣，而且永遠不會改變，我就覺得很難過。叛逆者這種人就是『長不大』，他們難道不知道，這個世界不是只做你『想做』的事情就行嗎？請問他最後到底會不會改？」我當下不想回答的太直白，但是天知道，我心裡的答案是：我不認為他會改變。

人們也常問：「一個人的傾向會影響職業選擇嗎？」事實上，在每種工作中應該都能找到各種傾向的人，但思考一下職業與傾向的互動方式應該挺有趣的。舉例來說，我認識一位專業的馴狗員，他屬於自律者類型，而且也把自律者的精神體現在工作當中。但是我也可以想像，質疑者、盡責者和叛逆者會用什麼態度工作。

然而，就算每種傾向都可以做每種職業，但這不代表他們應該這麼做。認識四種傾向有助於認清為什麼我們可能會更（不）享受特定的工作。曾有位讀者來信說：「現在我知道自己為什麼這麼討厭這份工作了！我百分之百是個質疑者，而且還是個稅務會計師。我壓根就不想遵守一堆毫無意義的規則，而這也成為我在工作獲得成功與快樂最大的阻礙。」

知道個人傾向也能讓自己更有同理心，因為你知道：「嘿，我就是這類型的人，這沒什麼錯。我可以善用這一點。」還有一位自律者寫道：「以前父母總告訴我要放鬆，我過世的丈夫也說要我放鬆，現在連我女兒都說同樣的話。但我總算知道，原來我只是順著心意做事，這還挺讓人開心的。」

一位叛逆者表示：

知道我是叛逆者之後，終於可以解釋為什麼我多年來的治療會失敗了。我們分析過我是否缺乏自律性，也嘗試及拒絕了會引發反彈的技巧（問責性？哈）。不僅是某些技巧在叛逆者身上不管用，還經常有人說告訴我們一定是內心深處哪裡有問題（我們往往也認同）。誰能想到一個辦事能力強、非常成功的大人卻做不到支付帳單、完成項目以及貫徹所有事情？是什麼樣的人會難以滿足所有人的期待——包括對自己的期待？在今天的社會中，這不僅是反常，聽起來簡直是病態。但你提出的傾向架構讓我們知道，原來事情不是我們想的那樣。我現在終於可以放心去了解，究竟哪種方法對我適用，而不是我到底有什麼問題。

一位盡責者寫道：

身為電視編劇的我，一直是個盡責的員工，每次都會準時將劇本交給老闆，但對於我個人的事情，我卻什麼都無法如期完成。我用了許多詞來形容自己的狀態：懶惰、不負責、穿著大人衣服的小孩，還有許多你難以想像的詞。但你給我的新名字——盡責者，讓我知道如何接受自己，將自我厭惡放一旁，用聰明的方法誘拐自己做事。我現在工作的生產力更高，而最重要的是，我因此更快樂了。

先認識自己的傾向，才能改變情況、提升成功機率。要改變一個人的本質幾乎不可能，但單單配合個人傾向來改變行為卻不是什麼難事，例如認清期望的明確性、正當性、問責性或自由感。洞悉個人傾向有助於打造成功的環境。

洞悉他人傾向的益處

另一方面，認識他人的傾向，也能更加包容他人。其一，我們知道對方的行為並非針對個人，也就是說，質疑者所提出的問題並非是瞧不起主管或要挑戰專業權威；只因為質疑者總是有問題。有位讀者表示：「我跟叛逆者一起住了七年，現在知道原來他的行為模式對他而言是很自然的，就跟身為盡責者的我也有自己的行為模式一樣。如此想來，心裡就舒坦些了。」

知道他人的傾向，也能幫助我們更容易說服他人、鼓勵他人，並且避免發生衝突。如果我們不考慮對方的傾向，說出口的話可能就無法達到效果，甚至出現反作用。事實上，如果想與人溝通，就要使用正確的語言——並不是自己最會講的話，而是最能說服對方的訊息。只要稍加思考四種傾向的特點，就能說出一套讓不同個性的人都能接受的說法。

反之，如果忽略了個人傾向，溝通的成功率也隨之降低。自律者越對叛逆者說教，叛逆者就越抗拒。質疑者會給盡責者提出幾個行動的合理原因，但這些合理的說法對盡責者起不了太大作用——因為對盡責者而言，外部問責的力量才是最關鍵的。

有位讀者曾寄給我以下關於燈泡的笑話，貼切地描述了四種傾向之間的差別：

你要怎麼讓自律者換燈泡？

答：他已經換好了。

你要怎麼讓質疑者換燈泡？

答：我們到底為什麼需要那個燈泡？

你要怎麼讓盡責者換燈泡？

答：要求他去做。

你要怎麼讓叛逆者換燈泡？

答：你自己做。

有位屬於質疑者的營養師告訴我：「我的目標是要改善國人的飲食習慣。我正在寫一本書，想告訴大家，我們的飲食習慣是如何受到文化及經濟體系所影響。」她堅信只要這本書提出足夠合理的論點，全國的人都會因此改變飲食習慣。這就是質疑者！

但若想要有效達成溝通目的，不管你是醫生、教授、教練、老闆、配偶、父母、同事、老師、鄰居或是生活中出現的任何人，**若想說服他人做事，就得從對方的傾向著手，而不是從自身的角度出發**——換句話說，這一點適用於所有人。

如果你是要把訊息傳達給廣大受眾，讓每種傾向的人都聽進你的話也並非不可能。曾經在某個午後，我在一場商務會議中提起四種傾向時，我聽到了一個非常有創意的例子。該集團的主管在介紹我之前，他先跟在場聽眾解釋，為什麼在即將到來的週末，與會者準時出席其他會議的活動很重要。

結束演講後，我很高興聽到他對現場四種傾向的同事分別做出不同的提醒。他說：「自律者，感謝你們配合我的準時要求；質疑者，我會給你一串你需要準時出席會議的理由；盡責者，我正在看著你，我希望你會準時出現；叛逆者，晚點去酒吧看你來不來。」沒錯，就是這樣！

儘管我們所說的每個字在不同傾向的人耳中聽起來都有不同的感覺，但跟叛逆者類型的小孩相處時，如果問他：「你現在想彈鋼琴嗎？」效果可能會比較好；但對自律者類型的小孩而言，他們應該會比較想聽到：「現在該去練鋼琴了。」

與健康相關的事情上也是如此。不管醫生說再多，人們總聽不進去。在美國，飲食習慣不良、運動量不足、飲酒、藥物濫用、抽煙等等都是導致疾病與死亡的主因——而上述所有的行為都是受到意識所控制。如果想要說服他人戒糖、每天走路二十分鐘、做復健運動、戒酒或按時吃藥，若能先想想對方的傾向再開口，成功率會大大提升。

但別忘記，四種傾向的架構是要幫助我們更進一步了解自己，而不是限制自身的認同或可能性。有些人說：「當你給自己下定義，你同時也限制了自己。」我想，自我定義的機制非常有效，因為這正是自我認識的起點。四種傾向的架構並不是要限制成長，或將相關的事情貼標籤，而是要做為聚光燈，照亮人性中不為人知的那一面。

當我們了解自己、知道傾向是如何構成我們對世界的觀感，就可以依照情況做出符合本性的事情——以及知道他人的傾向是如何構成他們的觀感，我們便能更有效的與他人互動。

我們可以看到，在四種傾向的框架下，僅僅是微妙的用詞轉變，哪怕只是簡短對話或是過程中的一個小小改變，都足以全盤改變一個人的行為模式。這一點很重要。如果患者固定吃血壓藥，他就能活長一點；如果學生完成教授指定的作業，該科就不會被當掉；如果夫妻之間能心平氣和的對話，婚姻就能持久；而我如果不要在週末發工作郵件，就不會得罪同事。」

生命中每天最大的挑戰之一就是：「我要如何讓人——包括自己在內——去做我想做的事？」四種傾向能讓這一切變得非常簡單。

第2章 找出自己的傾向

在人生中的許多任務裡，教育與管理是最重要的……人們必須平靜且仔細地審視個人傾向，不要被掩蓋錯誤與自大所自欺，不可盲目悲觀、小看自己的力量。一個人不可相信對自身本性無能為力的宿命論，但也要清楚知道，自己的能耐並非無限。

——威廉．勒基《生命的地圖》

進行傾向測驗

請回答下列題目，找出屬於你的傾向。亦可於網站（happiercast.com/quiz）進行測驗。

作答過程中，請選擇在大部分情況下最符合你的描述；不要太過強調特例或特定的事情。

如果兩種傾向的得分相同，不代表你是兩種傾向的綜合體，只需要選擇其中最貼切的描述即可。

你是最了解自己的人。如果你覺得另一種傾向的描述更貼切於自身情況，請相信自己的感覺。

1. 在不必對別人做出承諾的情況下，你是否能堅持完成新年計畫（例如多喝水或保持寫日記的習慣）？

Ⓐ是。即便無人知曉我的新年計畫，我依然能獨自堅持完成。

Ⓑ我可以做到，但我會在適當的時間進行；我不會等待新年的到來，一月一號這個日期沒有意義。

Ⓒ我不擅長完成計畫，所以我傾向不制定計畫。若是要我監督自己，我的計畫反而很難完成。

Ⓓ不。我討厭限制自己。

2. 下列何種描述最符合你對自己的自我承諾？

Ⓐ 唯有在我確信此一承諾有意義時，我才會要求自己去做。

Ⓑ 如果有人期待我能遵守對自己的承諾，我就會做；但如果沒人期待我做，我可能就做不到。

Ⓒ 如果能不做最好。

Ⓓ 我對自己、對別人的承諾都一樣重視。

3. 有時候，我們會對自己感到沮喪。你最容易感到沮喪的原因是……

Ⓐ 資訊焦慮讓我感到疲憊。

Ⓑ 只要有人期待我做某件事，我就不想做。

Ⓒ 我可以把時間留給別人，但沒時間留給自己。

Ⓓ 就算感到沮喪，我也不會中斷日常習慣或違反原則。

4. 如果之前你曾養成健康生活的習慣，是什麼原因讓你堅持下去的？

Ⓐ 就算沒人管，我也能夠很輕易地維持習慣。

Ⓑ關於「為什麼」以及「應該如何保持」健康的習慣，我做過許多研究，也有一套自己的方法。

Ⓒ如果我得對別人負責，我就會保持好的習慣。

Ⓓ通常我不會選擇提前自我限制。

5. 如果有人抱怨你的行為，以下何種說法不會讓你感到意外？

Ⓐ你只照自己的習慣做事、只在乎自己，就算對其他人產生不便也無所謂。

Ⓑ你問太多問題了。

Ⓒ如果有人要求你做事，你都會騰出時間，但卻不擅長留時間給自己。

Ⓓ你只在想做的時候做事，並且只做自己想做的事情。

6. 下列何種描述最適合你？

Ⓐ他人（客戶、家人、鄰居、同事）優先。

Ⓑ紀律很重要，就算有時毫無意義。

Ⓒ拒絕讓別人主導。

Ⓓ 先問清楚必要的問題。

7. 人們會對我不滿，因為如果他們要求我做事，我不太願意去做（即便是老闆或客戶）。

Ⓐ 有點同意 Ⓑ 中立 Ⓒ 有點不同意

8. 我會依照自己的判斷做有意義的事，即便會因此違反規則或無法達成他人的期待。

Ⓐ 有點同意 Ⓑ 中立 Ⓒ 有點不同意

9. 答應別人的事情絕對不能反悔，但答應自己的事情反悔沒關係。

Ⓐ 有點同意 Ⓑ 中立 Ⓒ 有點不同意

10. 有時候我做某件事情不是因為我想做，而是因為某人希望我去做。

Ⓐ 有點同意 Ⓑ 中立 Ⓒ 有點不同意

11. 我有時覺得自己是個濫好人。

Ⓐ 有點同意　Ⓑ 中立　Ⓒ 有點不同意

12. 我不介意違反規定或打破常規——有時還挺享受的。

Ⓐ 有點同意　Ⓑ 中立　Ⓒ 有點不同意

13. 我對四種傾向架構的可信度有所懷疑。

Ⓐ 有點同意　Ⓑ 中立　Ⓒ 有點不同意

得分：

1. Ⓐ＝自律者　Ⓑ＝質疑者　Ⓒ＝盡責者　Ⓓ＝叛逆者
2. Ⓐ＝質疑者　Ⓑ＝盡責者　Ⓒ＝叛逆者　Ⓓ＝自律者
3. Ⓐ＝質疑者　Ⓑ＝叛逆者　Ⓒ＝盡責者　Ⓓ＝自律者
4. Ⓐ＝自律者　Ⓑ＝質疑者　Ⓒ＝盡責者　Ⓓ＝叛逆者
5. Ⓐ＝自律者　Ⓑ＝質疑者　Ⓒ＝盡責者　Ⓓ＝叛逆者

6. Ⓐ＝盡責者　Ⓑ＝自律者　Ⓒ＝叛逆者　Ⓓ＝質疑者

7. 「有點同意」代表叛逆者

8. 「有點同意」代表質疑者

9. 「有點同意」代表盡責者

10. 「有點同意」代表叛逆者

11. 「有點同意」代表盡責者

12. 「有點同意」代表叛逆者

13. 「有點同意」代表質疑者

第二部

自律者——「紀律就是我的自由。」

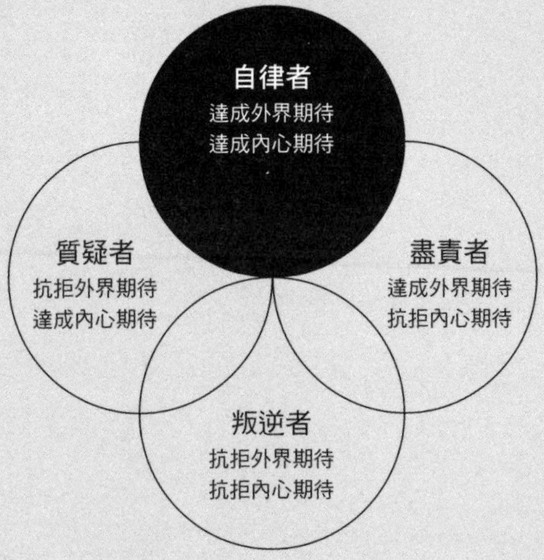

第 **3** 章

認識自律者

「就算別人說我太過緊張，我也堅持要做對的事情。」

每個人在生活中都會面臨兩種期待：他人加諸在我們身上的外界期待，例如準時交報告；我們加諸在自己身上的內心期待，例如每天晚上十一點前上床睡覺。

在四種傾向的框架中，自律者回應外界期待與內心期待的標準很像。他們會準時完成工作，也會按照進度完成新年計畫，一切都井然有序。

自律者想要做到他人的期待，而且自己的期待也同樣重要。

正因為自律者隨時都準備好要滿足外界與內心的期待，他們通常喜歡制定計畫與規律，是那種一起床就開始想著：「我今天該做什麼？待辦事項有哪些？」他們想要知道別人在等待他們做什麼，而且不想犯錯或讓他人失望——也不想讓自己失望。

對自律者而言，從下決定、採取行動到按照計畫執行，這一切都比其他三種傾向的人來得容易；自律者也較容易養成習慣。

因為我屬於自律者，我對這類型的人有特殊見解，或許這也是本書先討論自律者的原因吧。

之前，我一直以為大部分的人都跟我一樣。一旦發現別人的做法或想法跟我不同時，我會很驚訝，甚至覺得不高興。所以當我意識到：一、四種傾向的存在；二、我是自律者；三、自律者不多。許多事情就變得很清楚了。自律者的性格相當罕見且極端。（順帶一提，當我意識到自己有如此罕見且極端的人格特質時，全世界只有我覺得很驚訝。）

知道我屬於自律者之後，終於解開了一個長期困擾我的問題。在我的《過得還不錯的一年：我的快樂生活提案》（*The Happiness Project*）和《待在家裡也不錯：過得還不錯的一年2》（*Happier at Home*）兩書中，我提到過一些可供遵循、進而讓自己變得更快樂、更健康與更具生產力的計畫和習慣。在上述兩本書籍出版後，我被許多人的問題問倒了，他們問說：「你每天要寫部落格文章、跟老公鬥智、上健身房等等，你是怎麼讓自己去做這些事情的？」我回答：「因為我發現，這些事情能讓我更快樂，所以我就……做了。」

「但是你到底是怎麼辦到的？」他們又會重問一遍。我一直無法理解，為什麼大家會在這個問題上糾結？

但現在我懂了。自律者如我，要決定行動並且徹底執行並不難，但對許多人而言，這不是一件簡單的事。

優點

從我個人經驗來看（當然，這是個人成見），當個自律者有很多很棒的地方。別人可以依賴自律者，而自律者則可以依賴自己。

自律者輕而易舉地達成外界期待。他們會自動自發，還可以順利在期限內完成工作、遵守約定、達成目標或管理任務；在達成目標的過程中，不用依靠別人的管理、監督、提醒或處罰。

自律者對規定有某種狂熱。舉例來說，如果我路過時剛好看到一張貼在游泳池或辦公室廚房的告示，我就會忍不住停下腳步閱讀，並且依照規定行事。自律者通常不會介意穿制服、嚴格準確遵守食譜內容，或是遵守指示。

自律者不僅會達成外界期待，同時也會符合個人內心期待。如果自律者決定要做某件事，他們就會去做——即使別人都不在意，甚至是別人不方便的時候。

因此，身為一個自律者，我知道我能信賴自己，而且在所有人當中，我最能信賴的就是自己。

向來只要我做出決定，不管是否有外界幫忙，我都會堅持去做。之前我還在法律界時，有一次，我要參加律師資格考試。為了準備考試，我訂購了一套知名律師考試補習班BARBRI的複習教材，每天花數小時聽講、做筆記、自修。而我朋友選擇參加BARBRI的課程，讓自己按照學習計畫進行。但我只靠自己就能辦到。

由於自律者想要符合外界與內心的雙重期待，因此他們獨立且可靠，有高度的自制力。如果他們說要做某件事，他們就會去做。

事實上，因為自律者能輕而易舉地達成期待，非自律者類型的人有時候就會試圖搭他們的順風車。一位自律者寫道：

我在想，為什麼每次只要我一說要節食、固定運動或養成某種習慣時，就會有人想加入、跟我一起做。我發現他們是想從我身上得到某種支持，像是說：「如果你要去騎車，打個電話給我，我們公園見。」現在我終於知道，他們是想要藉由我的意志力、靠著對我的承諾來執行計畫。

在我的經驗中，雖然幫助他人達成目標有時能獲得滿足感，但更多時候我希望他人不需要依靠我，也能繼續做自己該做的事。

對自律者來說，達到外界與內心期待，並不會讓自己覺得受到限制，而是會更有創造力、更自由，因為他們可以執行心中的所有計畫。跟我之前所說的一樣，如果我決定了，無論是想要在夏天寫一本薄書，或是想戒糖，我知道就算沒人在意成果如何，我都會徹底執行。這就是我為自己創造的自由感、控制力與可能性。

然而，我不想讓他人覺得，自律者都會毫不猶豫去達成所有期待。我們也會有所掙扎，也必須經過一番努力才能堅持好習慣，例如上健身房、打電話或跑步。我也會拖延，也會出錯。但大部分的情況下，自律者比其他傾向的人更容易達成期待目標。

自律者能輕而易舉地達成外界與內心的期待，而且還經常尋找規則背後的規則——在倫理或道德方面。舉例來說，在ＪＫ羅琳的《哈利波特》系列書中，妙麗就是最典型的自律者例子；她從不遲交作業，還會不斷提醒哈利與榮恩關於魔法界的規定，甚至在有人違反規定時變得很焦慮。

不過，當她認為既有的期待中若有不公平，即便眾人不認同她的做法，她還是會起而反抗——因為她看到的是規則背後的規則。她努力改善主人對家庭精靈的粗暴對待，她離開學校、與魔法部作對，抵抗邪惡的佛地魔，她積極配合社會上的所有法律與規矩，除非事情與她內心的正義感有所抵觸，那就是她反抗的時候了。

（我非常喜歡《哈利波特》，一部分原因是我很高興看到自律者有如此高的評價。看到與自己傾向相關的描述，不曉得大家是否都特別容易受到吸引呢？）

因為自律者能輕鬆達成外界與內心的期待，他們鮮少會有憤怒或精疲力竭的時候，而且也不需要依賴他人給予動力或監督。**或許在旁人看來，自律者的紀律過於剛硬，但對自律者而言，剛硬的紀律帶來自由、效率與自主權。**

缺點

所有傾向的優點也可能是缺點，自律者傾向也不例外。

自律者為了正義，可以變成無懼的執行者，也可以是盲目執法的恐龍法官，或是把其他小朋友一舉一動報告老師的告密者，也可能是拒收下屬遲交（一小時）報告的老闆。

自律者出於達成期待的本能，有時會把某些可忽略的規則放在心上。就像我雖然不介意使用中性廁所，但如果門口貼著男廁圖樣，就算裡面是單人使用的空間，我還是不會走進去。有位自律者朋友告訴我：「去醫院生產的路上，雖然我很緊張，但我還是要我老公不能超速，堅持要把車子規規矩矩停在停車場，而且車停好不到二十分鐘我就要生了。」

如果有人拒絕接受期待、也無法在自己身上加諸期待，甚至是質疑期待時，自律者就會變得很沒耐心，甚至表現出輕蔑的態度。一位盡責者寫道：「我告訴同事，我因為缺乏外部問責的動力，很難按時吃維他命。她說：『你該長大了。』」沒錯，聽起來就是自律者會說的話，但不是個友善的自律者罷了。

身為自律者，我希望別人不只要達成期待，還必須「想要」達成期待。我喜歡劃掉待辦清單上的事項，樂於在自訂的期限內做完事情，享受遵守規矩的感覺。有好長一段時間，遇到別人想法跟我不同時，我會感到困惑。但現在我知道，我之所以如此要求自己，正是因為我有不想被別人要求、指使的慾望。

若他人行為不當，即便是微不足道的小事，自律者也會變得非常不滿與不自在。就像如果有人在開會過程中在我耳邊低聲交談，我會變得很緊張。在此同時，自律傾向就會帶出我無禮的一面。我不是故意要如此無禮或干涉他人，我就是擔心遲到或沒有按照指示行事。在這種情況下，我可能就會出現失禮的行為。

自律者會覺得要找人代替自己做事很難，因為他們會懷疑別人依照規矩行事的能力。「我娶了一個自律者，」一位讀者寫道：「每個星期天，她都會列出接下來七日的提示卡，而且按表操課的能力之強，可以把孩子、孫子、父母、妹妹等人都照顧得很好。她最常說的其中一句話是：『到底為什麼這個家的其他人就不能把自己的事做好？』」

不過，**自律者通常會拒絕為他人提供問責感，哪怕是別人的拜託或請求**，或許這有些出人意料——因為自律者不需要問責感，自然在此事上也不會有同理心。此外，外部問責會使自律者備感壓力，他們也就不想把相同感覺加諸在他人身上。我知道自己很懶得去提醒別人做事（有時是做不到），包括我自己的小孩。我知道我應該要提醒兩個女兒自己整理床鋪、注意餐桌禮儀、增加閱讀量，但我就是不想一直耳提面命、再三檢查，然後不斷提醒她們。

改變常規、習慣或計畫會讓自律者感到不自在。最近，我和我的丈夫傑米一起去波士頓參加婚禮，邀請卡上面寫著：「前往教堂的婚禮巴士預計下午六點從酒店出發。」當天吃早餐時，新娘的母親告訴我們：「事實上，巴士會在五點四十五分離開。」

「但卡片上寫的是六點。」我說。

「沒錯，但現在因為交通因素，改成五點四十五分出發。」

傑米和我轉身離開後，我說：「他們怎麼能這樣說改就改？卡片上明明寫的是六點！」（傑米屬於質疑者，他對計畫改變的反應並不像我如此強烈。）

對其他人而言，自律者處理事情的方式可能略顯極端。我認識一位自律者，他會隨身攜帶一個裝有彩色提示卡的特殊皮夾：綠色是今日待辦事項、粉紅色是本週待辦事項、黃色是在綠色及粉紅色卡片以外的工作相關事宜、白色是私人事務。

「別人看到我的分類系統，會覺得我有點神經。」他坦白說。（會使用提示卡的人，可能就是自律者）

在其他人眼中，**自律者為達成內心與外界期待所做出的承諾，做法有時會略顯冷酷及缺乏彈性**。一位讀者寫道：

我發現許多自律者在實現個人的期待時，行為模式都是一板一眼，即便改變自己去配合他人的事情有其合理性存在，他們也會表現出彷彿沒有時間去適應新的情況。

舉例來說，有位自律者表示：「我們已經計畫好要自己開車，在某時間點出門，所以沒辦法繞去接別人。」我有許多朋友都是職業婦女，我發現盡責者在調整計畫與孩子相關的事情上，往往較具創意與彈性；而自律者通常會選擇破壞氣氛，會說：「我們都計畫好了，沒辦法挪出時間去幫忙別人了。」自律者是可依賴、可預期的一群人，但在許多場合中，如果能因時制宜，絕對是加分條件。

一點也沒錯。**自律者很難接受在最後一刻改變計畫**，尤其會想：「為什麼你昨天沒先想到共乘問題呢？」

我喜歡當個自律者，但我也清楚它的缺點——我非常善於讓自己去做不想做的事，有時甚至還會做得太好。我花時間與精力去做某件事情，只是因為我覺得「應該」要做，連想都沒多想。

即便如此，我還是樂於當一個自律者。

傾向中的差異

跟所有傾向一樣，自律者也分很多種類型。每個人的人格特質在許多方面都不盡相同，因此也能在自律者身上找到野心、智慧、焦慮、社交、活潑、關愛、創意性等不同性格。

此外，每種傾向跟其他兩種傾向都有重疊之處，人們通常會偏向與其主要傾向重疊的另一種傾向。以自律者為例，自律者是與質疑者（兩者都符合內心期待）和盡責者重疊（兩者都符合外界期待）。

自律者／質疑者會比較容易質疑外界的期待，因此較會考慮拒絕別人：「老闆說我應該去，但真的有必要嗎？」他們也較會質疑內心期待的價值：「這幾個月來，我每天早上都會靜坐，但好像也沒啥幫助，我該停止嗎？」我會說：「沒錯，停了吧。」（請注意，身為自律者，這件事情我已經堅持做了好幾個月。）

偏向質疑者的自律者會更願意拒絕社會上普遍的主流期待。**如果外界與內心價值有所衝突，自律者／質疑者會更加重視內心的期待**——就跟質疑者一樣。「明天大家都要做簡報，而我同事希望我能幫他看看，但我也需要時間做自己的簡報，因此我拒絕了他。」

另一方面，**自律者／盡責者會傾向滿足外界期待**。對自律者／盡責者而言，外界期待所賦予的壓力略顯沉重，但是當外界與內心價值有所衝突時，前者會占優勢。自律者／盡責者很難設定界線，而且在極端的情況下，甚至會表現出自律者／盡責者的反抗。大部分情況下，他們可以輕而易舉的達成內心與外界的期待目標，但偶而也會「跳針」——沒有適時給自己休息，這是大部分自律者都會做的事，然後就爆炸性的拒絕達成期待。

在一場聚會中，我跟一位小說家朋友討論了很久，但那天晚上我們還是無法判斷她究竟是自律者還是盡責者。隔天早晨，她發了一封電子郵件給我：

我會吃不想吃的東西、忍受所有的折磨，也不會反駁他人唐突的言語。此外，我對自己的寫作進度、運動和閱讀習慣都非常有紀律，只要不妨礙別人，我可以做很多

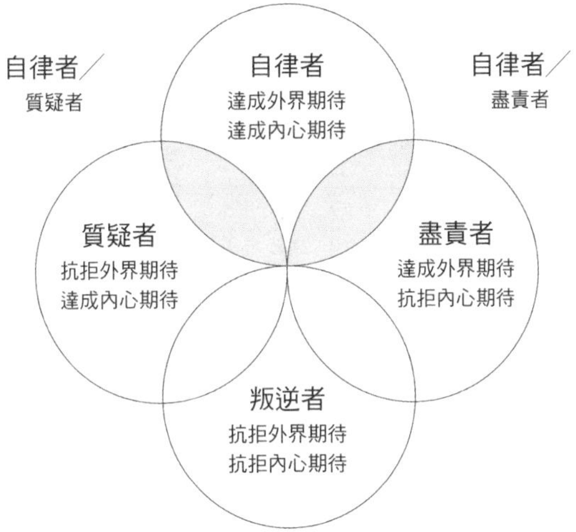

事。我能做到如此，是因為我為自己保留大量不受外界干擾的時間。我瞭解自己，也為自己建立了強大的防護機制：長時間的托兒照顧及獨立的辦公環境。

從上述內容來看，我認為她很有可能是屬於自律者／盡責者，她可以在不需外部問責的情況下達成內心期待，但是只限於沒有外界期待干擾的前提下。雖然偏向盡責者的自律者會致力於達成內心與外界期待，但他們很難忽視外界期待的拉力；自律者／盡責者一定要確保能清楚表達內心期待，並且創造界線，以保護內心期待不受外界干擾。

有些自律者解釋說，他們有時必須要

透過加強自己、達成他人期待的方式，藉此表現出達成內心期待的決心。如果要用一句座右銘來形容自律者，有位自律者建議說：「如果我想要支持他人，我必須先支持自己。」這就是自律者／盡責者的觀點。身為自律者／質疑者，我就不認為需要解釋自己的行為。我會達成內心期待是因為這件事對我很重要。

為何自律者有自我防衛的本能

因為自律者能滿足外界與內心的期待，看似是四種傾向當中，最容易覺得期待有不可承受之重的人，但事實並非如此。覺得期待過於沉重的是盡責者。自律者與盡責者都會符合外界期待，**但自律者是為自己而做**，因此比較不會有像盡責者因為承受期待，因而感到憤怒和精疲力竭的困擾。

雖然聽起來有些出乎意料，但實際上，大多數的自律者都非常善於照顧自己、享受人生。舉例來說，有一項關於臉書狀態更新的研究顯示，在「責任心」（善於計畫及完成事情）得分最高的人，也會寫下關於休息或享樂的文字——「週末」和「放鬆」是最常使用的字眼。

自律者的休閒時間是來自於自律性——「休息時間」也是待辦事項之一。有一位聽眾表示：「在我太太寫論文的那一年，她每天早上五點起床，然後開始工作。到下午四點時，她已經準備好去健身房，然後結束一天的行程。毫無令人驚訝的戲劇性可言。她也非常喜歡玩樂，因此她的自律者傾向看起來就像是過分積極的導航系統。」

自律者也會為了達成內心期待而選擇忽略外界期待，並且建立自我防衛機制。我曾受邀到一位自律者朋友的家中共進晚餐，到了某個時間點，他突然站起來說：「好，現在請大家離開，我要睡覺了。」在電梯裡，另一個朋友說：「哇，他就這樣把所有人踢出來，真是太不可思議。你不覺得這很沒禮貌嗎？」對有些人而言，或許真的很無禮，但在同為自律者的我看來，他的做法並非毫無原因。

自律者會努力維持高度的自制力與表現，因為他們會藉由堅持好習慣來獲得滿足感。自律者重視自我控制，所以會非常注意充足睡眠、運動、娛樂、把車加滿油等之類的事情。事實上，我的研究樣本顯示，自律者最有可能說：「就算沒人在意，我也會保持習慣。」

人們常會建議自律者「不要太辛苦」、「如此沒彈性，對健康不好」或「沒人會在意那條規則」之類的話，但對自律者而言，達成外界與內心期待是一件令人心滿意足的事情。這種感覺別人很難體會——尤其是叛逆者。我記得曾跟一位叛逆者朋友討論過這種感覺。

「對我而言，」我解釋說：「紀律帶來自由。」

「但紀律代表限制，」她說：「誰會想要照著規矩過日子？」

「我限制自己就是給自己自由。」

她搖頭。「這說不通啊。自由表示沒有限制，可以做我想做的事情。」

我們看著彼此，然後仰頭大笑。很明顯，誰也沒辦法說服對方。

在相同的方式上，我發現其他傾向的人，如果想要犒賞自己或對自己好一點，他們往往會為自己的例外找理由。他們可能會想：「今天很辛苦，就別去上健身課了。」但如果是自律者，我發現如果自己不按照計畫進行，感覺只會更糟。

自律者對自制力的重視或許也反應在有趣的實驗結果之上。在四種傾向中，自律者占百分之二十四，最不同意「我難以養成習慣」的說法，其他三種傾向的比例則幾乎相同（百分之三十四、百分之三十二、百分之三十二），如此看來，在自律者的天性中，似乎有某種特定力量在保護自己。

事實上，自律者為了要達成期望所做的承諾，有時會讓自律者看起來很……冷血，因為自律者就是有一種堅持不懈的本質，該做的事就一定會做，即便有時候會造成他人不便或與他人步調不一致，他們也無所謂。

我的妹妹伊麗莎白屬於盡責者，我們每週一起主持廣播節目〈與葛瑞琴一起更快樂〉，也曾經在第三十五集到三十八集中討論過四種傾向。談到自律者時，伊麗莎白說：「好吧，葛瑞琴，身為你的妹妹，我用了一輩子的時間來看清你做為一個自律者的優點與缺點。」她提起了幾年前的一段往事：當時我們兩家人一起出門旅行，但在最後一刻，傑米和我的大女兒伊麗莎無法成行，只剩小女兒艾莉諾和我飛去洛杉磯，跟伊麗莎白和她的先生亞當及兒子傑克，一起到離他們家不遠的地方度假。

「我們當時在洛杉磯，過的是西岸時間。」伊麗莎白回憶道：「而你堅持和艾莉諾過著東岸時間。每天晚上，你們兩個就在下午四點半吃晚餐，然後七點半上床睡覺，而在那同時，亞當、傑克和我則過著另一個假期，從晚上七點到深夜。」

「沒錯！」我說。

「看吧，對我來說，你因為這樣就錯過了許多樂趣與放鬆的機會。」

我知道她的意思，但我一想到在晚餐時間要努力保持清醒，回到家還要重新調整時差實在太痛苦，想想不太值得，也就不配合了。

在這集播出後，有位聽眾的反應引起我注意，我強烈懷疑她也是盡責者。她認為我的做法不只破壞了我對假期的享受——這正是伊麗莎白的觀點——也剝奪了其他人的歡樂。她寫道：

對你而言，停留在東岸時間毫無問題，因為你是自律者，你堅持你的作息、按表操課，但實際上你破壞了其他人的假期。我覺得你似乎沒有意識到這一點。伊麗莎白一家人空出時間，為了跟你們一起度假，但你最在意的卻是個人作息，而不是跟他們相處的時光。

我回信表示：

您來信指出，伊麗莎白一家人空出時間來陪伴我們，確實如此！但同樣的，我們也是需要抽出時間與他們相聚。

事實上，從紐約飛到洛杉磯不是一件小事。正因如此，他們才能輕鬆愉快地從家裡開車出發、到附近度假。如果因此要他們過兩天東岸時間，依照我們的時間吃飯，這是不是也很公平？

在我看來，這件事情沒有對或錯，只是看法不同罷了。

雖然這麼說有點冷血，但我不得不承認，身為自律者，我有時真希望身邊的人可以像我照顧自己一樣的照顧好他們自己，如此一來我就不用擔心他們是否順心或方便。我曾收到一位盡責者的來信表示：「我的自律者男友有時覺得我完全不懂得為自己著想；不做一些讓自己開心的事情，反而一天到晚想著要如何讓他開心，然後才決定要做什麼。你以為對方會因此而感動，但他卻更希望我能先為自己想，把自己擺在優先位置。」我完全能理解她男友的觀點。

雖然自律者能從日常規律以及良好習慣中獲得極大的滿足感，但在局外人眼中，自律者的紀律生活形同扼殺生活樂趣。我懷疑在娛樂界及藝術界中的自律者，有時會以自己的方法來掩飾個人傾向，表現出更加狂野或歡樂的形象。自律性並不是什麼迷人或討喜的特質，也不會因此而成就精彩的自傳或良好的宣傳。泰勒絲（Taylor Swift）在她膾炙人口的歌曲〈通通甩掉〉（*Shake It Off*）中唱出她徹夜狂歡，與多名男子約會的故事，但她真的有熬夜嗎？嗯，我很懷疑。在我看來，她明顯是個自律者。

自律者如何處理緊繃狀態

雖然自律者有強烈的自我保護本能，但其本性有時也會導致「緊繃」狀態。

當其他三種傾向的人試圖達成期待時，自律者傾向一開始表現得很強勢，然後隨著時間推移而放鬆。他們會尋找漏洞、例外，然後變得不那麼認真。我在某些習慣上也有類似情形。但有時候，自律者會出現相反反應——出現某種緊繃狀態。他們變得難以找到例外，也不休息與放鬆。這可以是好事，也可能是壞事。

一位自律者友人經常有肌肉疼痛的問題，我說服她去我常去的重量訓練健身房，雖然她本身也會固定運動，但我想這個建議應該對她有幫助。她去了，也治好了疼痛，然後說想不去了，因為健身房地點不方便，而且反正她還有定期有在其他地方運動。雖然她嘴巴說不想去，但依舊沒有停止。她的自律者本性發作、沒辦法放鬆。另一位自律者則是語帶絕望地告訴我：「我為了保持增加每天運動手環上的步數目標，我真的就在床邊慢跑，直到達成目標為止。」這就是過於緊繃。

任何場合都有可能出現緊繃狀態。一位在工作上緊繃的自律者表示：「之前工作特別忙的時候，我早上七點就進辦公室（規定是九點上班）。現在已經上軌道了，但我還是一樣七點進辦公室。大部分的時候我還是很享受這狀態，但我也喜歡可以晚點上班的彈性，比如說可以跟我先生一起吃個早餐。」

所以，自律者該如何對抗麻煩的緊繃狀態呢？**一旦緊繃狀態的警鈴響起，就要仔細考慮為了達成期待所付出的代價是否值得**。自律者可以適時提醒自己，越來越緊繃的期待會破壞個人表現與自我掌握的能力。之前一再說過，自律者必須明確表達出自己的內心期待。

我最喜歡的作家之一是十八世紀的散文家兼詞典編纂者塞繆爾．詹森（Samuel Johnson），他觀察到：「任何形式的嚴謹，若是無法提升好事或是預防壞事，都是無效付出。」自律者必須以此提醒自己。

為何自律者必須清楚表達內心期待

雖然自律者可以為了達成內心期待而拒絕外界期待，但他們往往不清楚自己真正的期待。想要達成內心期待，就必須先清楚表述。因此，**自律者必須要用心去找出自己真正想要與重視的事物**——清楚這一點很重要。

從我個人經驗來說，我非常清楚這一點。高中畢業後，我不太確定自己的生涯選擇，當時我想，法學院應該還不錯吧，畢業之後可以從事許多職業，而且也可以隨時轉行，對吧？因此，我選擇了法學院。

法學院對自律者是非常具有吸引力的選擇：一旦你走上這條路，該怎麼做、該如何成功，眼前的路都一清二楚。最重要的是，法學院最關鍵的就是要釐清事件以及依照規則行事。我達成了外界的期待，而且做得非常好。就讀法學院期間，我成為耶魯法學期刊的主編，我得過寫作獎，甚至當過珊卓拉·戴·歐康納（Sandra Day O'Connor）大法官的助理。

然而，就在我當大法官辦事員的期間，我首度意識到自己想當一名作家。

一旦內心期待發酵，要捨棄法律職業生涯、一切從頭來過都不是難事，而且不需要設定任何期限或外部問責的力量。「但你是怎麼辦到的？」人們通常會問。「你是怎麼全部靠自己，維持紀律進行寫提案計畫、寫書，以及找到經紀人？」對我而言，一旦我清楚聽到內心期待的聲音，要完成這些事情都不難。但是，我花了很長時間才聽到內心的聲音。

有關自律者

可能的優點——

- 自動自發。
- 自我激勵。
- 勤懇。
- 可靠。
- 貫徹始終。
- 嚴格按照進度執行。
- 渴望理解並達成期待。

可能的缺點——

- 防衛心重。
- 一板一眼。
- 很難接受計畫有變。
- 看起來很緊張、缺乏幽默感。
- 對模糊不清的規則無所適從。
- 如果需要提醒、監督他人，為他人設定期限，又或是與之討論，自律者都會沒耐心。
- 要求過多。
- 需要遵守的規定根本不存在時，會感到焦慮。

第4章

與自律者相處

「做就對了。」

職場關係

自律者會是好同事，因為他們會主動做事、善於執行，不需他人監督，也知道個人能力極限。

此外，對其他人而言，跟說到做到的人一起共事，會讓人衝滿幹勁。大家都知道，只要自律者說他會做，事情就一定能完成。如果老闆對自律者說：「有時間的話，請你看一下這件事，告訴我你的想法。」接下來老闆就無須多說，六週後自律者會準時交出完善的報告。

自律者會是好老闆，因為他們清楚知道該如何設定期待值，自律性也很高。如果老闆屬於自律者類型，他們會很清楚對某特定職位的合理期待為何，對執行規定與計畫也會有合理要求，並且在得到結果之前，很有遠見地規畫接下來的的漫長過程。自律者類型的老闆不會突然改變目標、方法或期限。

自律者無論是做企業家、自由業或經營任何一種副業都能做得很好，因為他們懂得自動自發。就算沒有客戶、消費者或老闆提供問責感，他們依然可以判斷事情的優先順序，然後依照決定行事。在我分析手邊從全國搜集到的資料時，我發現一件有趣的事情：收入越高者，偏向自律者的機率也越大（而且越不可能是叛逆者）。

然而，當自律者看到他人無法順利達到期待值時，有時會失去耐心。自律者類型的老闆可能會拒絕回答質疑者的問題，例如：「公司剛提出新的期限，我相信一定是有合理原因才會改變。我們就不要再爭執這件事，趕快去工作。」自律者類型的老闆可能會拒絕建立盡責者所需的問責機制，例如設定期限或強迫休假；因為自律者不瞭解這種事情的必要性。而跟叛逆者類型的員工共事，對雙方都是一大挑戰。

當他人無法達成期待，自律者也會感到沮喪。一位自律者解釋道：

> 我屬於自律者，是非常忙碌的次專科醫生，而同事們都屬於質疑者和叛逆者，總會訂下不切實際的規則。身為自律者的我，每當看到別人扭曲或破壞規則，我壓力就很大。有時我甚至是唯一遵守規則的人，還有更糟的是，當資深同事無法做到他們自己制定的規則，我還得扮演黑臉，這讓我挺不舒服的。與其制定規則，我更贊同隨機應變。

自律者有時會找不到代理人，因為他們總認為別人會把事情搞砸或沒辦法把事情辦好。

自律者會深陷在既定習慣或規律中而無法自拔，很難無視於規則的存在，進而在該做出改變的時候卻不自知。即便是無意義的期待，自律者也很難放下，更別提知道何時該暫時休息。自律者也很難接受臨時的變卦，因此如果有任何的改變或新任務，身邊的人一定得提早通知他們。

管理自律者的人要記得，因為他們討厭無法達成期待的感覺，所以很難設定優先順序——所有的期待重要性都不相上下。老闆或同事的應對策略是要先幫自律

者清楚列出優先順序，例如說：「我通常每週五會看報告，但如果最近要交年度報告，每週的報告可以先緩緩，先完成年度報告比較重要。」

雖然自律者渴望達到內心與外界的雙重期待，但如果是要他們把該做的事情擺一旁去幫助別人，自律者可能做不到。

如果犯錯或無法完成承諾之事，自律者會感到沮喪，甚至過度沮喪。我有一個自律者朋友，他是主流報社的編輯。「我真的、真的非常討厭在我寫的報導中出現錯誤，」她告訴我。「其他人覺得沒什麼，但我感覺很糟糕。」如果有人表示「這沒什麼大不了」或「不會有人注意的」，那還不如說「你已經盡力了，不管是誰，能做到最好也是如此了」。自律者討厭搞砸事情，一旦聽到出錯，防衛心與敵意也會油然而生。

自律者想要達成期待，如果他們擔心無法完成任務，就會選擇拒絕接受新的機會。當然，有時這是好事，代表自律者善於劃清界線；但有時也不是好事，因為他們不會挑戰自己，總擔心無法「把事情做好」。

配偶關係

包括自律者在內，所有人都無法隨心所欲展開或隱藏自己的傾向。從許多方面來看，跟自律者共組家庭有許多好處；但從另一方面來說，自律者又喜歡在假期中工作，或是即便週末有訪客，他們還是會堅持要練習小提琴。

如果能了解一個人的傾向，就能知道他看事情的角度。曾有個自律者的朋友告訴我，她是如何透過認識對方的人格傾向而成功避免與丈夫的衝突。

「我們當時搭火車去看我爸媽，兒子前一天才剛滿十二歲，所以他的車票價格是八點五元，而不再是七十五分。但我心想：『如果我們不付全票，假期可能就毀了。』」

「沒錯，」我點頭表示同意。

「但我丈夫是個質疑者，覺得我太過極端。他說：『沒事的，他生日才剛過一天，照之前那樣、少付一點錢也沒啥大不了。』」

「從他的角度來看也沒錯，」我表示認同。「而且如果是叛逆者，他可能還會想：『啊哈！地鐵公司也賺不到我的錢。』」

理解就能加速包容。

自律者通常不喜歡改變計畫或隨興所至。在我的婚姻中，傑米經常不想回答我的問題，我猜有一部分原因是因為他的質疑者天性，加上他想避免給我——他的自律者妻子——任何特定的期待。

舉例來說，如果他告訴我晚上七點要出門參加宴會，但最後卻決定七點十五分才要出門，我可能就會拒絕改變計畫；等到必要時他才告訴我，就可以減少衝突發生的可能性。

自律者對於達成期待有一定的壓力，即便在某些特定的情況下，有些壓力是不必要的——這就很容易惹惱另一半。如果要有效說服自律者，配偶就要先好好認同自律者的價值。配偶可以說：「我看到牌子上寫『未經授權人員請勿進入』，但我想我們應該就是屬於『授權人員』。」或者是說：「表格上是寫六月一號之前要交，但這間公司想賺我們的錢，而且實際的日期是九月，所以如果我們六月十五號才把表格寄出應該也沒問題。」

配偶應避免提出會讓自律者產生期待的任何建議，因為就算不是好主意，他們都會牢牢記住。配偶可能只是隨口說「你應該要去選鄰長」或「你如果當教會組織的會長一定會做得很好」或「你應該重新組織員工，帶領更效率的組織」——這些都可能深深烙印在自律者的腦海中。

自律者的配偶可以幫忙提醒他們的內心期待，例如「你不用這麼做」、「這對你很重要嗎」或是「你已經盡力了，犯錯是難免的」。

如果配偶無法達成期待，自律者也會很沒耐心。因此，跟自律者在一起，質疑者就要提醒他。質疑者需要原因，盡責者需要責任，叛逆者需要選擇與自由。

親子關係

在許多事情上，身為自律者的父母，日子還算輕鬆。自律者類型的孩子會真正瞭解事情並且達成期待，而且很主動，父母不用太過操心功課做完了沒，或是提醒孩子要記得餵魚。自律者不用人家提醒就會自己去練鋼琴、提前整理好球具，並且按照學校計畫行事。

從這些方面來看，當父母的人應該很享受這種感覺，但是一旦孩子無法放下自律傾向，父母也會很挫折。有時候，父母會希望孩子稍稍放鬆或放下期待，但事實上很難。對自律者孩子而言，如果他們在睡覺前要閱讀三十分鐘，你不讓他讀的話，他可能會抓狂；又或者如果她上學遲到了五分鐘，後果可能不堪設想。

就跟所有的傾向一樣，若要與自律者孩子達成有效溝通，就必須強調其所屬傾向的價值。

家長可以解釋說：「雖然老師希望你們每天晚上要閱讀三十分鐘，但因為我們去看奶奶，回到家已經是睡覺時間了。晚上好好睡覺，你明天上學精神才會好，這比今天晚上看書還重要。」或者說：「老師知道學生有時候沒辦法完成任務不是他們的錯，這沒關係。」但如果是跟孩子說「你應得的」、「老師不會知道你今天晚上沒讀」、「你又不歸老師管」、「要不要閱讀三十分鐘是你可以自己決定的事情」，這些話在自律者耳中聽起來就毫無說服力了。

自律者孩子可能也很難接受突然改變計畫，或是時間到了事情卻沒做完，或是處理不明的情況。

當大部分父母都覺得有個自律者小孩是一件輕鬆的事情時，要知道自律者與叛逆者之間的親子關係往往是最棘手的，對雙方而言皆是如此。

就跟自律者的配偶一樣，當個自律者孩子的父母應該要避免隨口說出期待或提出不必要的規矩。因為自律者很容易陷入某種期待、投入大量的精力和時間來達成目標，即便不是他想做的事情——甚至就算不是好主意，他也會去做。隨口說出一句「你應該要參加拼字比賽」都會造成意想不到的連鎖反應。

大人應該要幫助自律者孩子清楚表達個人的內心期待，如此一來，孩子才能同時達成內心與外界的期待。

客戶關係

對醫生或相關的醫療服務機構而言，自律者病患是比較容易處理的對象，他們會遵循醫囑、按時服藥，並且嚴格進行物理治療。

因此，在我的研究案例中，有百分之七十的自律者對「醫生說過改變生活方式很重要，但是我沒做到」的說法表示不同意，這結果我一點都不意外。

事實上，自律者的問題可能正好相反會——他們太聽話，醫生怎麼說就怎麼做，鮮少提出問題。記得在我二十歲時，牙醫隨口告訴我：「你的下巴需要開刀重整，雖然現在不會痛，也沒有什麼症狀，但記住我的話，你到三十歲的時候就會知道什麼是慢性下頜疼痛了。」我的確對此建議有所懷疑，但我也費了好大一番勁才沒有乖乖照辦。（順帶一提，我到現在下巴都沒有問題。）

醫療服務人員應該要記得，自律者會認真達成期待，甚至認真過頭，所以不要為了讓患者乖乖聽話就誇大標準，這對事情沒有幫助。於此同時，當期待變得太過沉重，自律者會啟動自我保護機制，說出自己的想法。當我在高強度重訓室換了一個新教練時，我毫不猶豫地告訴他：「你加太重了，我雖然希望有點重量，但這對我來說太多了。」

職業選擇

職業與傾向的關聯性並不是說「自律者就適合做銀行業監管或交通警察之類的工作，因為他們整天都可以照規矩行事」這麼簡單。每種工作都可以由不同傾向的人、用每種傾向特有的方式完成；但有些工作確實是比較（不）適合特定的傾向。

如果是需要有人主動的工作，自律者的表現會較為出色，例如創業、獨立顧問或自由業者，因為一旦他們決定要達成某目標，就會全力以赴，不需要任何形式的監督或責任壓力。自律者有能力完成不想做的事情，對於為自己工作或是沒有員工幫忙處理瑣事的人而言，這是非常重要的特質。

在規則清楚的情況下，自律者游刃有餘，因為他們可以從達成期待中得到滿足感。如果是在一日多變的環境中，他們可能會不知所措。一位自律者解釋說：「我是個自律者，我非常善於找出規則，並且確保所有人都按照規則行事。但我的工作也非常重視彈性，這就不是我的強項了。」

如果期待不明確、規則模糊，甚至是要自律者延伸規則，他們就會不知所措。如果老闆想要找一個能用帶有侵略性、創意性方式解釋稅法的法務長，絕對不要找自律者。

我發現自律者也會深受某些能幫助別人的職業所吸引。舉例來說，我認識一位屬於自律者的高級教練和幾位自律者作家（跟我一樣），他們都寫過如何幫助人們改善表現、自我管理或建立習慣等相關書籍。

然而，因為自律者可以輕鬆達成外界與內在的期待，他們經常無法理解為什麼人們無法「自行做好」；在這種情況下，自律者也無法給他人有用的建議。一位自律者寫道：「我是私人教練。好處是，我肯定以身作則，示範我希望客戶都能遵循的訓練及營養模式，而且我向來很準時。缺點就是，如果客戶的投入程度與我的期待有落差，有時我會感到沮喪。」

晚餐時，我坐在一間知名的生物製藥公司的執行長旁邊，我一如往常提起了人格的四種傾向，他很快融入話題。

「我屬於自律者，」他告訴我。「而且我敢打賭，我大部分的執行長朋友也都是自律者。」

「為什麼？」我問。

「當一間上市公司的執行長，你必須要適應規則，達成他人的各種期待。你也要自動自發，掌握自己的方向，並且適時拒絕別人。」

一位也是屬於自律者的投資銀行家友人加入對話，說：「我覺得這一點也沒錯。就像盡責者是最好的副手……」

「我的副手就是個盡責者，而且非常出色。」第一個男人插話。

「……但一個好的執行長要能說：『大家的想法我都聽到了，但我知道要做什麼。』而且這個角色需要有足夠的紀律性，必須讓內心和外界的期待相互吻合，如此一來才不會有怨憤、不會產生內心衝突。」

「這個說法我持保留態度，」我搖搖頭說。「我認為任何一種傾向的人都可以用自己的方法成為傑出的領導者。」

「質疑者和叛逆者會是優秀的創辦人和改革者，」執行長承認說。「但我想他們在建立成熟的公司方面會有困難。打個比方，如果是叛逆者當上市公司的執行長，有許多眼睛都盯著你看，看你如何表述、如何跟董事會溝通。」

一開始我被說服了，但後來我想：「好吧，三個自律者一致認為只有自律者才能做好上市公司執行長一職是吧？」不曉得如果是三個質疑者或三個盡責者聚在一起，是否也會針對自己的傾向提出相同的結論？至於叛逆者，我想即便是叛逆者自己應該也會承認，很少有叛逆者能成為一間上市公司成功的執行長吧。

與自律者相處

- 他們能輕而易舉地達成外界與內心期待。
- 他們自動自發，能在期限內完成任務、進行計畫，並且不需要過多監督就能主動進行。
- 他們享受固定的模式，很難接受既定模式出現變化或突然改變計畫。
- 他們討厭犯錯，因為一旦聽到自己犯錯，自律者就會感到憤怒或具有防衛心。
- 他們非常重視堅持完成的精神。
- 需要有人提醒自律者，其他人對完成事情不見得有同樣的標準或感受。
- 他們不擅長請人幫忙做事，因為無法相信他人是否可靠。

第三部

質疑者──「我會遵守，只要你能說服我。」

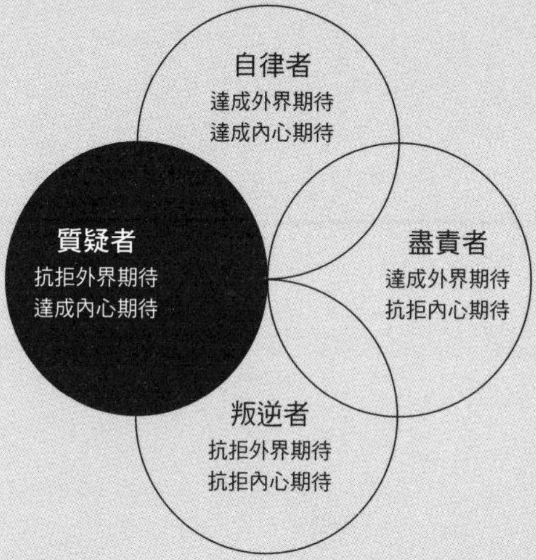

第5章 認識質疑者

「告訴我，為什麼要這麼做？」

每個人在工作、家庭和生活中，都會遇到外界和內心的期待。自律者隨時都準備好要滿足外界和自己內心的期待，而質疑者只願意順從內心的聲音——包括將外界期待轉變為個人的內心期待。

在接受內心期待時，質疑者會表現出對訊息、理由和效率的深度投入。他們想要自己蒐集事實、自己做決定，在合理的情況下採取行動；拒絕執行過於武斷、沒有合理原因、沒有合理告知或是無效率的事情。許多人都是質疑者；但盡責者的人數還是最多。

質疑者到底是如何將外界期待轉變為內心期待呢？**唯有認為該事是有效且合理的情況下，他們才願意去做**。

舉例來說，質疑者會想：「爸爸一直提醒我要檢查車子還有沒有油，但我覺得現在沒必要——所以我當作沒聽到。」或是「公司廚房的洗手臺上貼有標誌，要求我們自己清洗杯盤，但洗杯子對我來說很浪費時間，讓晚班人員清洗會比較符合效率。所以我就直接把馬克杯留在水槽裡了。」

另一方面，**質疑者只會把合理的外界期待轉變成內心期待，進而達成目標**。質疑者認為：「老師說如果我把九九乘法表背好，就能很快完成數學作業，所以我想背好乘法表。」或者「我老婆已經提醒我好幾個月，要我去清理客房，但我們從來不用那間房間，所以我一直沒做。等之後有客人要來，我就會去整理了。」

因為質疑者注重原因，他們每天早上醒來就在想：「今天要做什麼？為什麼？」他們會判斷要做的事情是不是好主意。如果老闆要求質疑者在本週五之前完成報告，質疑者可能會想：「反正在下週三之前不會有人看，我下禮拜初再寫會更有效率，週三做完就好。」我的研究資料顯示，質疑者是所有傾向中，最認同「我只做我判斷有意義的事，即便要忽視規矩或他人的期待也無妨」的描述，對此我一點都不意外。

一旦質疑者接受期待的理由，就會自動自發進行，不需過多監督。所以如果老闆想說服質疑者採用新的算帳程式，或是醫生要讓質疑者服藥，或是配偶要質疑者幫忙整理地下室，最好先花點時間清楚說明原因：為什麼要做這件事？為什麼要用這方法？為什麼是現在？如果能說服質疑者——這個「如果」是最重要的——質疑者就會變得可靠，並遵守規則完成交辦事項。

同樣的方法也適用於質疑者評估內心期待，一旦他們接受事情的合理性，就會為自己而達成期待。比方說，如果質疑者想恢復身材，就需要先花一點時間做研究、評估選項，然後為自己選擇可靠的運動方式，以最有效率的方式達成目標。這無關醫生是否要求他要做運動，或是妻子的叨叨不休，還是同事說：「我們一起健身吧。」而是質疑者一旦決定是上健身房還是去跑步比較適合自己，他就會想辦法達成內心期待。

質疑者會質疑每件事情。關於如何讓質疑者採取行動，我有個非常經典的例子。有一次，我在一場會議中，請參與者依照傾向分組討論，為自己的傾向寫下座右銘。輪到質疑者小組報告時，他們的回答是：「我們為什麼需要座右銘？」

看吧。

優點

因為質疑者完全受到內心動力所驅使，一旦決定採取行動，就會排除萬難執行到底——當然也會毫無困難的抗拒期待。質疑者有自律者的自發性、盡責者的可靠性，以及叛逆者的自主性。

質疑者也可能對最基本的習慣或假設提出質疑，例如：「我想結婚嗎？」、「如果你是我老闆，我真的得照你的話去做嗎？」、「為什麼小孩不能像大人一樣罵髒話？」

對質疑者而言，期待的合理性很重要，拒絕為了遵守規矩而遵守。一名質疑者寫道：

> 我要不要遵守規矩是視情況而定。如果沒人檢查，我可能一次會帶超過六件衣服進入試衣間，因為進進出出很麻煩。我認為這條規定不只是為了怕有人偷竊（我絕對不會做），也是為了在大排長龍時能加快速度。既然我購物時人潮不多，試衣間外也

沒人排隊，所以我不認為當下這條規定合理，因此我不會遵守。

對質疑者來說，排隊的想法是合理的；對叛逆者來說，他們可能不會遵守規矩，或至少覺得要做點不一樣的事；而自律者或盡責者會想：「每個人都要遵守這條規矩，為什麼你要跟別人不同？」

質疑者向來要先提出質疑，才會選擇滿足期待。一名質疑者告訴我：「我本來是要參加姊妹會，但他們要我先發誓遵守『女子氣質與忠誠』，我心想：『那是啥意思？』我突然大笑，第二天就退出了。」

質疑者做事需要有堅定的理由，只要確定自己（以及身邊的人）並非未經思考就同意接受缺乏合理原因的期待，他們一旦行動，就會為一段關係或合作單位帶來巨大的價值。「為什麼要大費周章組織員工會議？為什麼要用這套軟體？為什麼要花這麼多時間追蹤這個客戶？」

事實上，質疑者經常對他人沒有周全理由而行動的意願感到困惑。有位質疑者惋惜地表示：「我常想：『如果不是打從心底相信這是正確的事情，為什麼有些人還是會去做？我們是什麼？一群盲目的旅鼠嗎？另一方面，如果相信這是對的事情，為什麼又不去做呢？』」（請注意，這一串評論都是以問號呈現。）

質疑者想要先思考周全才做出決定，因此願意先詳盡、透徹地研究一番。質疑者喜歡評估選項，就像自律者喜歡提示卡的存在一樣；此外，我發現質疑者是試算表的愛好者——他們也會寄許多文章給別人。

一名質疑者寫道：

我讀碩士時，一直沒辦法決定該選什麼論文題目。我們第一年可以試著先以論文相關的題目來寫作業，算是為來年的論文做準備。許多同學一整個學期都專心寫與未來論文有關的內容，而我則把握機會，嘗試用不同主題完成不同作業，這代表我要額外投入許多精力，現在我終於知道為什麼當時會這麼做。身為質疑者，我必須先徹底熟悉主題，才能全心投入。

因為質疑者對研究充滿熱情，常常會變成旁人的資源，不過他們也樂於分享知識。

質疑者對改善過程也非常有興趣。他們喜歡消除錯誤，讓事情順利執行。一位質疑者朋友告訴我，事實核查這樣工作讓他樂在其中；另一名質疑者友人表示，他的興趣就是改善使用者介面。

「我們一直都是這麼做」或「這是標準方法」或「我是老闆」之類的陳述在質疑者耳中是毫無輕重可言，他們想知道的是為什麼。質疑者會挑戰假設、考慮其他的可能性，並且拒絕約定俗成的建議。一位質疑者寫道：

我年輕時不懂時尚和化妝有何重要，所以我選擇忽略。現在年紀大了，在職場上經歷過一些事情後（透過主觀經驗與客觀研究），我就知道一個人的外表會如何影響職業生涯以及與他人的互動，也就願意投入合理的精力讓自己看起來更加吸引人；我也會衡量要花多久時間說服自己，因為這更重要。

這完全是質疑者的思維方式。

即便有人提供「專家」建議，質疑者還是想要自己做決定。他們不會毫不猶豫地接受權威性，而總是會先問：「到底為什麼我要聽這個人的話？」舉例來說，在決定選課之前，他們可能會先跟老師談話、旁聽幾堂課，或是尋求參考意見。

「當我決定要減重時，」一名質疑者回憶說：「我做了一張試算表，列出我想嘗試的營養師、營養計畫和醫生的優缺點。我找到了符合要求的營養師，後來我幾乎就是照她的方案進行。」

上述這段話揭露出質疑者喜歡量身定做的特質。有位質疑者告訴我：「我挑戰了一套三十天的運動影片，但我是每隔一天做一次，而不是連續進行。我碰巧是從一月一號開始做，但無論我跟誰提起這件事，我總是得強調這件事情只是剛好從一月一號開始，跟新年計畫無關。當時我並不知道自己是質疑者，但現在我總算知道，為何當時我會一再強調這件事。」他表現出質疑者的慾望，以及不喜歡將個人計畫與日期做聯想的隨意性。

缺點

跟其他傾向一樣，質疑者的優點也可能是缺點。一位質疑者解釋說：「質疑讓我更專業。我是一間備受矚目的上市公司三級主管，也是忙碌的母親，孩子還小，生活已經夠累人了。但我對任何人、任何事都還是會再三質疑。」

當質疑者不接受某個期待的合理性，他們就會拒絕執行，甚至可能為自己帶來麻煩。無論在家庭或工作上，其他人會覺得他們不斷提出問題很煩，讓人覺得精疲力竭或很干擾。有人甚至會做出結論，認為質疑者所提出的問題沒必要，覺得他們是為了爭執而爭執，或是拒絕接受權威或決定。舉例來說，有質疑者表示：「如果我公司有新措施，我通常會抵制，明著來或暗著來都有可能，直到有人能給我一個滿意的解釋。」這對質疑者而言非常合理，但他的上司或同事可能就不這麼想了。

不清楚質疑者行為模式的老闆可能會覺得質疑者的行為很煩、不懂得尊重，或認為質疑者「不遵守團隊精神」。一名質疑者告訴我，即便他工作做得再好，他依然被貼上激進份子的標籤，因為他的老闆臉皮很薄，認為他接二連三提出問題，是不服從的表現。

同樣地，對年輕的質疑者而言，學校生活也是一大挑戰。許多校規看似沒理由或沒效率，而老師與行政人員也不認為有解釋的必要。在這種情況下，質疑者很難完成工作，進而表現出令他人感到不合作或沒禮貌的行為。一名質疑者表示：

我從小就表現出質疑者的傾向，像是我拒絕在情人節時，給班上的每個小朋友寫卡片。在我八歲大的心靈裡，認為如果給每個人都送卡片，包括我不喜歡的小朋友在內，那我給真正朋友的卡片就沒有意義了。小學生活有時會讓我們這些質疑者感到適應不良。

但問題還不只發生在小學裡。另一位質疑者解釋說：

> 身為質疑者，對於我認為很蠢、浪費時間又沒效率的事情，或是過於隨意的要求，我都會提出質疑，並且拒絕接受。讀研究所時，像每週要寫閱讀報告、證明我有看書的作業，我就興趣缺缺；但如果是做項目或實驗之類的作業，我就做得很開心，因為有挑戰、有學到東西。

質疑者不斷質疑的過程或許讓身邊的人感到疲勞轟炸，但如果要讓質疑者遵守規則，就一定要先回答他們的問題。

質疑者有時也希望自己能停止發問。「在我做決定之前，我總是想要得到更多訊息，我就是停不下來。」「我太常質疑外界規則。人們常常告訴我：『夠了吧，你照做就是了！』我真希望自己可以做到。」所有的質疑都會耗費時間與精力。在法學院中，一位質疑者友人面試了十多間律師事務所，我面試了六間，我們最後都在同一間公司工作。

不斷的質疑意味著質疑者有時會發生分析麻痺（analysis-paralysis）的狀態。他們想要持續搜集訊息、評估選項，並考慮更多的可能性。他們渴望獲得一百分的資訊，但往往我們在做決定、向前邁進時，都無法建立在所謂的「完美答案」之上。

有時候，質疑也會讓質疑者變得躊躇、猶豫不決。舉例來說，許多質疑者表示，在嘗試遵守某個健康建議時，他們會先考量眼前的選擇是否是「最佳」方法，他們會想：「或許我該再多做點研究，或許還有其他更有效率的方式，或許這個建議是錯的。」結果，他們什麼也沒做。

事實上，因為質疑者善於尋找理由及質疑決定，如果他們想要找到理由來避免迎合期待或打破好習慣，都是輕而易舉的事情。**他們非常善於鑽漏洞**。一位質疑者解釋說：

> 我可以質疑任何事情，也可以將所有事情都合理化。我腦中的對話有時甚至讓我覺得自己有雙重人格：「你應該要做運動」、「但外面太冷了」、「在室內做就好了」、「但我還有許多工作要做，這比運動還重要」。我有時會被自己的內心對話給搞瘋，最後乾脆去看電視，什麼都不想。

因為質疑者渴望量身訂做的答案、因為他們質疑專家的建議，導致經常造成為質疑者提供協助、建議或服務的對象（老師、上司、同事、醫生、大學輔導員、水管工人、草皮養護專家）都感到無語。我看過一份調查，說有百分之二十六的醫生認為「患者認為自己比我更知道該怎麼做」，我心想：「聽起來就是遇到質疑者了。」一名質疑者解釋道：「我經常無視所謂的『專家』意見。牙醫建議我每年都要照X光檢查，但我不要。我每五年才做一次，因為我相信照X光會致癌，沒必要太常照。」

另一名質疑者總結了質疑者的觀點：「任何醫護人員看到我一定很頭大，因為我總是有一連串的問題，非得得到滿意答案才願意離開。如果我已經具備某些知識，不管是否與醫療專業的建議一致，我都會以我所知採取行動；如果我不具備相關知識，我就會先自己找答案、做功課研究，才決定是否要遵循意見行事。」

不管是哪種傾向，天賦都有可能變成詛咒。質疑者是受到周全的理由所驅動——至少是他們相信的周全理由，哪怕事實並非如此——有時看起來就像怪人。他們拒絕專家的指導，只依照自己的結論行事，並且把以下的話當成耳邊風：「你憑什麼認為自己比受過專業訓練的醫生更懂肺炎？」或「辦公室裡的所有人都用相同格式寫報告，你為什麼就要堅持用自己那套神經病規格？」

從我寫《從四十個角度看甘迺迪》（*Forty Ways to Look at JFK*）所閱讀的資料來看，我懷疑許多陰謀理論家都是質疑者。

在某些情況下，質疑者瘋狂的一面很煩人。舉例來說，傳奇的企業領袖史蒂芬・賈伯斯（Steve Jobs）就是一名質疑者。他年輕時深信只吃水果蔬菜就不會有體味——儘管許多人都告訴過他，他真的有體味。質疑者的堅持往往會帶來危險後果。賈伯斯自從確診罹患癌症後，一直拒絕接受化療與手術，並試圖以自創的針灸療法、純素飲食、喝草藥以及其他自然療法等方式治療，但始終未見效，最後才同意接受手術。但最後還是死於癌症。

跟所有傾向一樣，質疑者也可以利用個人的智慧與經驗，學習管理該傾向的缺點。一名質疑者總結說：「身為質疑者，我發現每次在缺乏溝通的前提下就拒絕遵守規則，往往會給自己帶來麻煩。所以現在我會先遵守規則，然後改變規則——或是繼續做下去。」

但質疑者有一點讓人很困惑：他們經常會強調非常討厭排隊等待。一位朋友告訴我：「我非常討厭排隊，討厭到就連在餐廳排隊等待入座時，我也無法好好跟人對話。」或許，這才是所謂的沒效率。

傾向中的差異

就跟所有傾向一樣，質疑者之間也會有所差異。

質疑者傾向是與自律者（都符合內心期待）和叛逆者重疊（都抗拒外界期待）。

質疑者／自律者最容易達成外界期待，可以說是隨時準備好要為了社會期待或一般規矩而接受任何理由說法；一位質疑者／自律者解釋說：「我深信規矩的存在有其原因，即便我不知道原因為何。重點是當我在評估選項時，我不想惹麻煩，也不想造成其他人的困擾。但如果我不認為該行為具有任何有效目的，我就沒辦法說服自己去做。」

我的丈夫傑米就是質疑者／自律者。他會質疑所有事情，但也很容易說服他去達成某個期待。身為自律者的我，如果不是嫁給這種人，我很懷疑自己的婚姻可以如此幸福。這想法真是讓我瞬間清醒了。

在天秤的另一端，有些質疑者是偏向叛逆者，他們毫不客氣地挑戰期待，並且選擇拒絕，搞得自己看起來就像叛逆者。（最主要的差別是什麼？質疑者拒絕接受

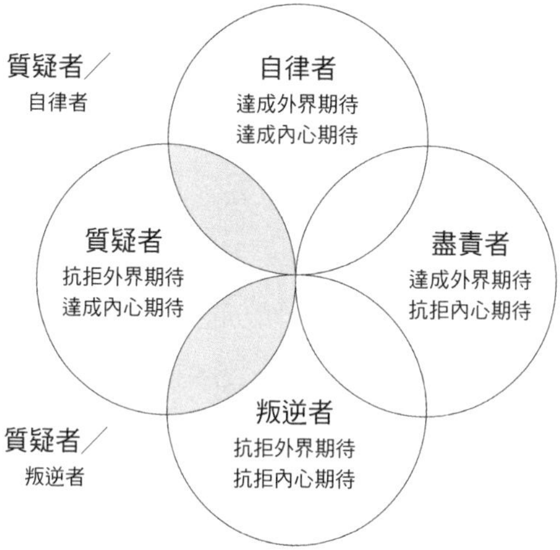

期待是因為不合理；叛逆者的抗拒是來自於不想受到任何控制。另一種判斷方式：如果質疑者為了自己而設定期待，要做到就沒有困難；而叛逆者會有所掙扎。）

或是許自律者天性使然，但我只要聽到偏向叛逆者的質疑者辯駁自己不遵守規定的理由時，我都覺得很可笑，有時甚至有些惱怒。

舉例來說，某些質疑者／叛逆者從不遵守交通規則。有人說：「我根本就不把速限放在眼裡，我想開多快就開多快。」當我回信問他：「你認為只要安全，任何人想開多快就可以開多快嗎？」對方回信說：「沒錯，如果駕駛可以自己決定要開多快，那是個好主意。反正大部分的人心裡都有一把尺，不會超過自己所能接受的範圍。你可以開上州際公路，看看有多少人遵守速限。這就跟藥品法一樣，是虛設、沒啥用的。」這是偏向叛逆者的質疑者觀點：無效且隨意的期待本身就不合規則，因此沒必要遵守。

另一位質疑者／叛逆者說：「我因為路邊停車，車頭停錯方向，被開了一張罰單，但我還不打算繳罰款；我不明白車頭停哪個方向為什麼會影響別人的安全？所以我沒打算繳。」我得忍住才不至於衝動回答他說：「祝你好運。」事實是，如果質疑者不認同某項外界期待，他們認為應該不予理會。質疑者的果斷性會因性格而異。有些質疑者會有分析障礙，他們的質疑以及對訊息的渴望，都會阻礙下一步的行動。一位質疑者解釋：「通常在我購買某件東西之前，我會先對所有品牌、款式、公司或促銷方案進行研究。我也很痛苦，有時一次就得花上好幾週，才能做出最後決定。」

另一方面，某些質疑者就非常果斷。像是我先生傑米，他做事情向來需要原因；只要得到解答，他就會立刻行動。

當然，許多質疑者是綜合體。一名質疑者解釋：

> 我有時候會有分析障礙，但好險都是不太重要的事情。如果是重要的事情，像是

決定大學科系、是否要趁年輕結婚、要不要養狗，這些事情都不難決定。但我卻花了好幾個月的時間，思考新的一年要買哪種記事本。我先生（盡責者）簡直不敢相信我花這麼多時間在研究這種事情。我最後終於決定使用日程本，按下購買鍵的那一刻，他激動地說：「我們可以停止討論記事本類型了吧？」

質疑者還有什麼不同之處嗎？答案是「社交能力」。有社交手腕技巧的質疑者在提出問題時，不會惹惱或惹煩他人，或是讓他人感到有所防衛。如果有人認為質疑者的問題太多、缺乏團隊精神或是不合作，他們也會因此受益，學習用不同的方式提問，例如不要突然打斷老闆的談話，很突兀的開口就說：「這條新規定毫無意義。」他們會學著問：「可以請您告訴我，為什麼會有這條規定嗎？如果我知道原因，執行起來也會更順利。」有時候，質疑者所提出的問題，在他人聽來，究竟是有建設性的問題，抑或是被當成阻礙，完全取決於他的表達方式。

質疑者還有另一種有趣的現象：經常質疑四種傾向的架構。

每次我在演講時，只要一談到四種傾向，就會有人大笑，也有人點頭表示認同。當我說：「如果你聽到四種傾向的第一反應是想：『我對你所說的架構有所懷疑。』你大概就是質疑者了。」

當然，這有一部分是因為質疑者的質疑天性。如果要讓質疑者做測驗，他們會對自己的答案先有所限制、防備並且找出例外；並且懷疑此架構是否建立在周全的科學基礎之上，或者懷疑我僅以四種分類方式的簡單架構是否可以涵蓋所有的人性。許多質疑者告訴我：「我很懷疑把所有人分成這四種類別的有效性。」

「但是請注意一件事。」我向來如此回答：「只要我說到這四種傾向，許多人都說過一模一樣的話。他們表達反對的用詞幾乎完全相同！」這一點很有趣：正是對分類架構的異議使他們成為同一類人。

但我相信，懷疑也反應出質疑者傾向是最不具差異性的傾向。自律者、盡責者和叛逆者都知道自己與他人的差別，但質疑者在面對自己所提出的問題時，並不認為那是一種特殊的行為模式，而單純僅是一種對生活的合理、普遍回應。友人告訴我：「我肯定是個質疑者。但不是每個人（或大部分的人）都有同樣的想法吧？」沒錯，他們肯定不會這麼想。

有一次，我回去高中母校，我提到四種傾向時，一位高三學生堅持說：「我是混合的。我會視情況而定，有時候是一種做法，有時候換另一種。」

「舉例來說？」我問。

「如果是我尊敬的老師，他所交代的作業我會做，沒問題，所以我是自律者；但如果我不喜歡這個老師，我就不會做，所以我是叛逆者。因此我的態度會視情況而定。」

「不是這樣的。」我說。「你很明顯就是質疑者。因為質疑者的第一個反應是：『為什麼我要聽你的？』」

為什麼質疑者不喜歡被質疑

質疑者的核心價值潛藏著一股諷刺的意味。

我知道質疑者會提出許多問題，但有一位聽眾的問題引發我的好奇，他問：「你有沒有注意到，質疑者不接受自己被質疑？」這一點在我那質疑者老公的身上很明顯。事實上，他拒絕被質疑的個性十分鮮明，我們家長期以來都有一個關於「需知」的笑話。他的回答是以你「需要知道」為前提。至於「你為什麼做晚餐？」或是「你何時開始新工作？」之類的問題，傑米都拒絕回答。這有時真讓我抓狂。

我原以為這只是他令人抓狂的怪癖。不過我現在知道，原來這是質疑者傾向的其中一面。雖然質疑者不介意提供訊息，但許多（不是所有）質疑者會拒絕他人質疑自己所做的判斷或決定。甚至導致緊張關係一觸即發。

一位質疑者寫信解釋：

我們質疑者一直都很討厭別人不像我們一樣，凡事先徹底研究每件事情的原因與利弊。如果我決定要改吃低碳水化合物的食物，有些非質疑者就會說：「但我聽說這種飲食習慣對肝臟不好。」或是「羅伯特．阿特金斯（Robert Atkins）不是很年輕就死了嗎？」我一聽就會瞬間感到挫敗。如果這些擔心不是空穴來風，那我應該早就發現——我又怎麼會選擇這種飲食習慣呢？

另一名質疑者也表示認同：

身為質疑者，我會選擇不為自己多做解釋，也不解釋我某事的原因。我們做出每個決定的背後，都有清楚的邏輯原因，例如：「不斷重複解釋原因很煩」，或者「我們知道自己是對的，不需要向別人解釋」。

因為質疑者會謹慎做決定，所以當有人提出質疑，他們會覺得很煩，甚至認為是一種侮辱——有趣了，這正是質疑者提問時予人的感覺。

當然，質疑者尤其討厭浪費時間的問題。他們心中第一個浮現的問題會是：「為什麼我要回答你的問題？」如果他們知道別人為什麼要問，或許會比較願意回答。與其直接問：「我們什麼時候走？」不如說：「我們什麼時候走？因為我在想是不是還有時間去健身房？」

當質疑者拒絕回答問題時，有些人會感到很挫折，這不意外。一位質疑者解釋：「我付出這麼多努力，但用心卻被忽略、打發，或是……被質疑，這真的很讓人生氣。」可以理解。但其他人的問題也需要得到答案。

所以該怎麼做？旁人可以請質疑者解釋決策過程，不要讓質疑者覺得自己的決定受到質疑。質疑者通常很喜歡教別人或是分享知識。舉例來說：「我很想知道你的思考過程，有助於我了解你是如何做出決定。」或是說：「我想知道你為什麼會選擇那套報告軟體？我很好奇為什麼這是最棒的？」

質疑者如何控制分析障礙

質疑者衝動的提出質問，會造成對自己與身邊的人感到乏力與麻痺。先前提過，有些質疑者在何時該結束研究、何時該採取行動上會有困難。一位質疑者寫道：「在不同的事情（飲食、運動、財務、工作）上，我就是無法停止研究不同的方法。我沉浸在尋找最有效的方法——這正是最沒效率的行為。每一種新的理論或方法都會引起我的注意。」

因此，質疑者必須避免過度考慮。為了抑制深入研究的慾望，質疑者應該專注在終極目標之上。一位質疑者朋友告訴我：「我對訊息的需求永遠無法滿足，所以當我覺得自己又陷入研究模式時，我問自己：『這個訊息真的跟我想要決定的事情有關嗎？為什麼我在這個問題上花時間、花精力呢？』」

「你在質疑自己的質疑！」我說。

另一個質疑者告訴我：「面對客戶時，我經常無法掌控好時間，因為質疑者傾向一發作，我就總想知道更多、想提供給對方更多訊息。」

「所以你如何改變？」我好奇的問。

「我會更深入注意質疑者的特有傾向，然後提醒自己按照計畫行事，對我和對客戶的所有好處。」

有其他的方法嗎？質疑者可能會選擇逃避需要進一步研究、分析然後做決定的事情。有一位質疑者來信，懊悔地表示：

自己設計、建造一個家——我到底在想什麼？我花了無數個小時在網上查資料、找產品評價、看論壇討論，從地板到中央空調，我都要『最好』的東西。如果我很享受這過程，那也就算了，但我沒有啊。

如果她能聘僱一個可信任的承包商，事情應該會簡單許多。

當然，要找到可以「信任」的專家也是一大挑戰。當然，有分析障礙的質疑者可以遵循其尊重之人所提出的建議，或是限制自己的訊息來源（翻閱消費者報告），以此解決問題；尋求醫生、專家或其他可靠專業人士的意見；打電話給敬重的友人或家人；或是決定「因為這間露營用品店的店員具備豐富的專業知識，所以我要在這間店買帳棚，不去別間店消費。」

有分析障礙的質疑者或是其身邊之人，可以利用截止時間來終止研究或強迫做

出決定——「我們星期五需要答案。」但質疑者也可能會質疑這些限制！一名質疑來信表示：「我很懷疑利用截止時間的有效性。我只會把有意義的時間限制放在心上。隨意性的時效對我不管用。」

但對於過度質疑的質疑者，或是任何形式的質疑者障礙，最重要的解決對策就是讓一切清清楚楚。質疑者是否在養成習慣上有困難？質疑者是否無法達成內心期待？如果是，那問題往往在於清楚與否——因為當質疑者無法清楚知道為什麼要達成某個期待，以及為什麼要以特定方式達成期待時，他們就不會去做。質疑者需要清楚度，為了讓事情一清二楚，他們就會提出問題。（而他們所提出的疑問，在某種程度上也說明了為何某些他人不贊同的事情，質疑者還是堅持要做。）

「我到底為什麼需要做這件事？」

「我為什麼要聽你的？你的專長或強項是什麼？」「這個營養師是否有資格告訴我該吃什麼？」

「為什麼一定要我做這件事情？其他人不能處理嗎？」「我可不可以選擇動手術，不要做物理治療？」

還有更多訊息嗎？

能不能調整期待、配合個人需求？「我吃藥會有副作用。我自己降低藥量，不用告訴醫生。」

這樣做會比較好嗎？「如果我早上把所有藥全吃了，一次就能全好。」

這種做法能達到目的嗎？「如果這個藥不能讓我感覺好一點，我不知道為什麼要吃它。」。

誰會受益？設定期待的人（或組織）真正目的為何？「如果我每週都做療程，醫生就能賺更多的錢。」

一旦質疑者得到清楚的答案，他們就會採取行動。一位質疑者表示：

知道自己是質疑者，有助於我戒糖。糖對身體不好，這種抽象的說法對我毫無影響力。我需要做研究，我開始看講課視頻、搜尋網路文章，以及閱讀蓋瑞．陶布斯（Gary Taubes）所著的《面對肥胖的真相》（*Why We Get Fat*）。從那之後，徹底戒糖就變得很容易。我只需要清清楚楚、像鐵一般的不變事實，一旦知道原因，要改變習慣就不難。

不過，請注意，質疑者想要清清楚楚，不代表其他人會配合。

質疑者如何找出心中的合理性，以達成他人不合理的期待

當質疑者非得達成某個期待時——卻又認為該期待過於隨意、沒效率或不合理——他們往往會陷入麻煩。

在這種情況下，質疑者可以提醒自己，迎合期待有其意義——即便是沒意義或隨意的期待——因為這對某些人很重要，或關乎自身利益。

一位質疑者回憶說：

我很久之後才意識到，有時候照祖母的話去做會讓她開心，這個理由就足夠了。我是年輕人，如果我不斷問為什麼她要我這麼做，肯定會把她搞瘋。如果把盤子放在盤架上也可以變乾，為什麼一定要放進烘碗機？為什麼我不可以隨時穿全黑的衣服？但我現在只想著：「好吧，就算這些事情沒意義，但確實能讓祖母開心，這就夠了。」

一位焦慮的醫學院學生問我：「如果有人要我做一件隨意或真的很蠢的事情，我該如何讓自己去做？這種事情幾乎每天都會發生，我真的很難應付。」

「沒錯，」我點點頭說：「這種事情經常會發生在質疑者身上。」

「我該怎麼辦？」

「不要專注在表面原因，想想更深層的因素，要為了自己而做。『沒錯，這個作業毫無意義，很浪費時間，但是我希望得到教授的欣賞。為了達成目標，照他的方法行事也無妨。』」

這些例子都說明了，即使表面看似毫無合理性，但質疑者可以把重心擺在深層的合理性，即「為了自己去達成不合理的期待，是否有意義？」質疑者要提醒自己，得先做好該做的事情，才能做想做的事情。這一點很重要。

關於質疑者

可能的優點——

- 數據導向。
- 公正的（依照個人判斷）。
- 樂於創造有效系統。
- 願意扮演壞人的角色。
- 樂於挑戰既有體制。
- 內心導向。
- 不願意在不合理的情況下接受權威性。

可能的缺點——

- 有分析障礙。
- 對他人的自滿感到不耐煩。
- 有當怪人的潛力。
- 如果問題沒有得到解答，就算他人認為事情已經解決，質疑者依然不會善罷干休。
- 可能會拒絕遵守他人認為公平或沒爭議性的期待（例如交通規則）。
- 可能會拒絕回答別人的問題。

第6章 與質疑者相處

「人為什麼需要有座右銘？」

職場關係

質疑者是公司的寶貴資產，因為他們會問：「為什麼我們要這麼做？我們有必要這麼做嗎？我們是不是該多訪問一些人？有沒有更好的組織方式？」

質疑者喜歡研究、尋找有效率的方式，並且排除不合理的過程。他們拒絕官方說法，例如「我們一直都是這樣做」的說法對他們而言，完全不具說服力。他們的質疑能確保公司以最有效率的方式運用資源。

儘管質疑者的質疑對團隊發展格外珍貴，但不停提問也並非同事或上司所樂見。一名質疑者解釋說：

質疑者的特質有助於我處理工作上的重要事情。但有時在團隊合作的項目上，大家更願意按照流程行事，認為我的提問是沒有團隊精神的表現。我想，如果透過禮貌性提問（即便是「我們真的有需要做這項目嗎？」），通常可以釐清方法，避免走錯路、多做不必要的工作，並且獲得更好的結果。大家通常會感謝我想要節省時間、金錢與精力的熱心，但有時候有會惹惱把他人提問視為批評、或是把「因為某某人這麼說」或「因為一直都是這麼做」掛在嘴上的人——這應該也一般人最常回應質疑者問題的兩種惱人說法。

當質疑者拒絕依循眾人的做法、花時間質疑大家認為已經處理好的事情，或是無法即時做決定，他們的處境就很艱難。同事可以為質疑者的調查過程設定界線，幫助他們避免過度質疑。舉例來說，經理可以告訴協助面試新職位的質疑者同事，在某個日期之前做出決定，或是只考慮最好的五個候選人。限制有助於採取行動。

因為質疑者對自己的分析與判斷相當有信心，他們會相信自己的看法，拒絕被其他人說服。

有一位公司老闆告訴我：「我公司的副總在研究上表現非常傑出，但我實在無法忍受跟他一起工作，他總是不斷質疑我的決定與判斷。我的權威性與專業性在他眼中毫無意義。」

我說：「或許他沒有低估你的意思，只是習慣質疑每件事情，這是天性。」

「好吧，不管是什麼理由，我們都已經沒辦法好好對話，現在都得透過中間人才能溝通。」

當同事意識到質疑者並非有意對抗、不配合或是刻意阻撓，而只是依照個人傾向行事，同事就比較會有耐心，願意提供質疑者需要的訊息。一位盡責者表示：「我是採用蒙特梭利教育法的老師，我跟兩個質疑者在工作上有密切互動，以前我每天都會被他們的問題惹惱，但我現在會建議他們去看一些書、網站或文章，應該會有助於回答他們的問題。」

當質疑者為自己工作——自行創業或為自己工作——無論遇到什麼挑戰，一旦決定投入時間與精力，就會把事情做好。他們只會致力於做好自己覺得有意義的事情——這是助力，也是阻力。舉例來說，除非有助於成交，否則質疑者不想浪費時間與潛在客戶閒聊。

質疑者可能也需要一步步處理自己的分析障礙，因為一個人要做出許多複雜的決定：到底整理檔案、報稅、取得健康保險、處理行銷等問題的最好方式是什麼？質疑者單打獨鬥的情況下，最後可能會僵在原地、無法做任何決定。

配偶關係

一位質疑者表示：「我是質疑者，我經常提出問題，以及研究如何讓事情變得更好。我妻子開玩笑說，她知道我們會一輩子在一起，因為我已經做過研究、做出決定了。她說得一點都沒錯！」

關於質疑者傾向，我有很多事情可以探討，因為我先生傑米就是個質疑者。嫁給質疑者有時對我有利，因為身為自律者，我通常是在沒有仔細質疑的情況下，就反射性的決定接受符合期待。有時我會想像我不需達成期待的生活，有時又會覺得我太過堅持規則。但傑米總是會在迎合期待之前先進行質疑，看到他就會讓我知道，我應該要多多質疑。

然而，雖然我尊重、配合傑米的質疑特質，但有時我也很想抓狂。例如家裡的事情，我只是希望兩人要分工合作而已，但他卻提出一堆問題；但現在我知道他並不是蓄意阻撓，只是想知道為什麼要照我的要求行事。

最近，我拜託傑米從健身房回家的路上，順路買一些熟食火雞。傑米不願意，因為他不想排隊等店員切肉（質疑者討厭等待）。在我知道他是質疑者之前，我可能會傳訊息給他說：「請你在回家路上買一些切好的煙燻火雞。」現在我很確定他之所以直接忽略我的要求，並非因為他是個混蛋，而是因為他需要原因——「為什麼我得去淌這渾水？為什麼家裡有一堆食物還要我去買火雞？這是浪費我的時間。」既然我知道他是質疑者，我就會寫：「請你回家時順便買一些火雞肉，艾莉諾這禮拜有兩次遠足活動，我要幫她準備午餐。」然後他就乖乖帶火雞回來了。

有時候質疑者的問題會讓另一半感到很受傷或缺乏支持感。一位質疑者寫道：

我做任何事情向來都需要原因，這也導致我的婚姻關係緊張。我丈夫覺得，每次要求我幫忙做件簡單的事情都需要大費周章解釋一番，讓他覺得缺乏尊重。天曉得「親愛的，你可以幫忙買個新燈泡嗎？」簡單的一句話會演變成兩天的戰爭。如果不告訴我買燈泡的相關原因，我就會有很多問題。

我有個質疑者朋友嫁給自律者。「我丈夫很討厭看到廚房的櫃子和抽屜沒關。」她描述道：「所以他告訴我：『我們來訂個規矩，一定要順手把廚房的櫃子和抽屜關好。』」

我點點頭。「沒錯。對自律者而言，一旦有規定，他們就會遵守。」

「但我說：『為什麼需要訂這規矩？』他回答：『我訂這條規矩，你可以訂另一條。』我告訴他：『我不想為你訂規矩或是要求你遵守我的原則。但為什麼我們需要這麼做？到底為什麼一定關上抽屜和櫃子？如果你想要關，你就自己關。但我不在意，所以為什麼要這麼麻煩？』」

我開始大笑。「你就是個標準的質疑者，他是標準的自律者！太經典了。」看到兩種傾向在我面前依照特質互動真是太好玩了。

因為質疑者非常重視自己的分析，通常會拒絕「專家」建議——這會讓另一半很受挫。一位讀者說：「我的質疑者丈夫認為自己知道所有事情的答案，但偏偏有時他是對的，所以更難改變他的想法。舉例來說：我想尋求財務專家的建議，但他認為這是浪費錢，他可以自己研究，懂得不會比別人少。」質疑者的特質有時很惱人，甚至可能會有生命威脅——這麼說好了，如果質疑者認為電動工具的安全裝置很多餘，那就麻煩了。

質疑者追求訊息、渴望做出最好的決定，這可能會導致夫妻陷入分析障礙。一位讀者寫道：

我丈夫是質疑者，似乎什麼事情都沒法做了。舉例來說，我找到一間適合孩子的幼兒園，但我丈夫卻提出質疑。還有一次，我們要做水泥階梯，但他質疑承包商的方案。我努力想把事情做好，他卻老踩煞車、提出許多問題，搞得我只好放棄。

她可以考慮採取幫助質疑者擺脫分析障礙的策略，例如設定截止日期、遵循尊敬的建議者的意見，或是限制訊息來源。

跟所有傾向一樣，質疑者的優點同樣也可能是缺點。而其配偶則得同時面對。

親子關係

「因為是我說的」、「我們一直都這麼做」、「你就應該要去做」以及「這就是規定」這類的話，在質疑者孩子聽起來是很刺耳的理由，肯定起不了作用。

質疑者需要理由，如果父母希望質疑者孩子練鋼琴，最重要的是要先回答他的問題，例如：為什麼要會彈琴？為什麼練習很重要？為什麼一週裡哪幾天要練習？為什麼是這個老師？如果音樂很重要，聽就好了，為什麼要練習？如果質疑者孩子滿意你的解釋，他就會固定練習；如果孩子不買帳，就會默默抗拒。

遇上不守常規的質疑者孩子，父母和老師可能會覺得很煩。孩子會問：「為什麼我不能穿萬聖節服裝上學？」、「吉米叔叔對我很不客氣，那我為什麼還要對他有禮貌？」、「上大學的意義是啥？」一位讀者來信表示：「我兒子處在青春期、是質疑者。他拿到駕照沒多久後，有一天去游泳，游完後就光著腳開車。我說：『穿上鞋子。光腳開車是違法的。』（我是自律者），但他說：『這為什麼不合法？』」（有些質疑者真的很愛在交通規則上做文章。）

質疑者在課堂上所提出的問題，因為能促進討論，表現出學生的參與度，老師和教授可能會很喜歡；但如果他們認為質疑者嚴重拖慢討論進度、挑戰教師權威、爭論抗拒完成作業，或是誤導課堂氣氛，也可能因此而惱火。

質疑者的童年可能會很痛苦，因為往往「大人說」，小孩就得做。質疑者小孩的家長告訴我：「我兒子非常聰明，但在學校表現很差。他考試考得很好，但他不知道為什麼要寫作業，結果就不寫了。」

質疑者在學校受挫，可能會對學術表現造成顯著影響。與拒絕達成期望的孩子溝通時，要先知道孩子行為背後的原因。叛逆者類型的孩子可能會想：「你不能逼我做事。」而質疑者類型的孩子則是在等待一個能說服他的理由，告訴他為何值得去滿足期待。一位質疑者回憶道：

我小時候寫字很亂，比起我寫的作業內容，老師似乎更在意我的字好不好看。我很聰明，有一天我發現自己知道課本上所有問題的答案，我就覺得沒必要再寫任何筆記。如果老師想知道我的答案，他們應該問，我就會說！

老師會選擇處罰我，說我懶惰、固執、動作慢。但其實是他們沒有給我一個好的理由。我只有在作業非常複雜或思緒混亂時才會動筆。

如果老師可以找出孩子抗拒背後的原因、提出適當的解釋，就可以避免衝突。

事實上，質疑者孩子經常與當權者發生衝突。我一直樂於看到四種傾向的例子，無論是在現實生活或是在書本、電影或電視節目上。當我重讀夏綠蒂・勃朗特（Charlotte Brontë）的《簡愛》（*Jane Eyre*）時，我翻開第一頁就看到，簡那討人厭的李德夫人說她是「質疑者」，也說明了為何她覺得簡很煩人：「簡，我不喜歡吹毛求疵或是滿是問題的人。」（我還查了「吹毛求疵」一詞，意思是「太愛挑剔」。）

所以當質疑者對作業或期待有所質疑時，老師或家長若能提出深思熟慮後的理由會比較好。如果質疑者學生問：「為什麼我需要認識古美索不達米亞文化？這對我又沒用。」老師如果說：「這就是我們現在要學的，按照進度讀就對了。」這種回答對事情毫無幫助。反之，如果老師告訴學生：「沒錯，你現在是在學美索不達米亞文化，但這項作業要教你的不只如此，還包括要如何快速分析複雜的材料，如何從文章中找出主要概念，如何有效做筆記，以及如何用自己的話來解釋某些概念，這些都是對你有用的重要技能。」這樣回答就會對事情有所幫助。

除此之外，即便是孩子也會對「深層原因」有所回應。為什麼不能光腳開車？因為如果你這麼做，可能就得付高額罰款，或是吊銷駕照。為什麼要上看似沒意義的課？因為我們大學學費是個負擔，你得把這些科目念好，通過考試，才能取得獎學金。為什麼要對吉米叔叔有禮貌？因為你愛爺爺，如果你對叔叔不禮貌，他會很難過。

客戶關係

對醫療保健人員來說，回答質疑者的問題是非常重要的（雖然有時做不到）。只要能說服質疑者，他們就能輕易達成健康方面的期待，會按時吃藥、做物理治療、改變飲食習慣，或是按時進行檢查。但如果說服失敗，他們一件也不做。

醫療保健人員總認為自己能說出符合期待的高度合理理由，但卻常常忘了回答問題，導致質疑者不願意行動。舉例來說，牙齒保健專家會說：「你一天至少要刷牙兩次，每次兩分鐘，否則會長牙結石。」聽起來非常合理，但究竟什麼是牙結石？長牙結石會怎麼樣？如果牙結石會有問題，找牙醫洗牙不就好了嗎？稍微多做解釋，結果可能會大大不同。

請注意，**質疑者會表現出強烈希望量身打造的過程**。**他們會以自認為最合理的方式遵守規則，也就是——不會完全按照指示進行**。因此，清楚解釋為何要完全按照指示進行就很重要：「要在用餐時間服藥，否則會產生嚴重噁心的副作用。」

質疑者需要原因。為什麼要減少攝取碳水化合物？為什麼要在飛機走道上來回走動？質疑者是完全信任下達指令之人的權威性嗎？如果是，他們就會照做；如果不是，他們不會採取行動。質疑者只做自認為合理的事情，並按照他們的想法進行。一位質疑者朋友說：

當我確診罹患第二型糖尿病時，我女朋友認為我可能不容易適應新的飲食習慣，但我知道我可以。只是我在診間時問了太多問題，她覺得我好像失控了。我知道自己只是需要明確的資訊。一旦下定決心，我就會堅持去做。但我也很誠實的告訴醫生：「我會乖乖按照飲食計畫吃東西，但我每週還是要喝六瓶啤酒。這就是我的做法。」

質疑者的「瘋狂」表現（聽起來很尖銳，但對於「對自己的非專業結論深信不疑」之人，沒有更好的形容詞了），往往跟健康脫離不了關係——或許是因為大量研究的能力、經常瀏覽不可靠的網站，加上質疑者因人制宜的慾望等種種因素結合使然。

質疑者對於健康問題或治療方式都有自己的一套理論。我觀察到，醫護人員通常會忽視病患的理論，然後不斷重複自己的觀點，期待患者最終會接受專業意見——這種方法不太管用；倒不如針對患者提出的理論，解釋為何專業人士不同意，或許會更有效。

一位友人的質疑者丈夫負責決定自己的癌症治療方案，這也讓他的妻子和醫生感到不安。他們不斷問說：「為什麼你認為自己比整個癌症專業醫療團隊更知道該怎麼做？」但他已經做過研究、得到結論，他心中的結果比任何專業權威的意見更有份量。為了說服他，身邊的人要仔細探討他所信服的事實與原因，並且提出代替方案的事實與原因，這會比不斷重複表示「你就不能聽醫生的話嗎？」來得有效。

在醫療照護領域（或是其他領域），若要鼓勵質疑者採取行動，以下說法可能會管用：「試試看，就是個實驗。如果成功了，就繼續做，失敗再換其他方式嘗試就好。」此種說法能滿足質疑者搜集訊息與量身打造的慾望，此即吸引力之所在。質疑者也可能遵循尊敬之人的方法，認為：「如果此方法對他有效，對我應該也一樣。」

職業選擇

人們往往會說：「我是記者，所以我肯定是質疑者。」或是「質疑者更有可能成為科學家。」但事情並非如此。無論是何種傾向都可以從事大部分的工作，因為在一個特定領域的成功需要許多因素。畢竟，傾向只是描述一個人如何回應期待，而不是一個人的天賦、人格、智慧或興趣。我有一個朋友很聰明，是個非常善於分析的醫生。她喜歡研究，會問很多問題；然而，她是盡責者。因為談到達成期待，要她符合外界期待不難，但要滿足內心期待就有問題了。

也就是說，質疑者樂於獲取與分析訊息，所以在強調研究的環境中，他們就能樂在其中。他們享受改善制度。一位質疑者表示：

我是一間大型跨國企業的內部審計員，有二十年的工作經驗。我不斷地對公司做法提出質疑，並且持續尋找改進方法。我會花時間解釋自己的做法與建議，但同時也傾聽他人意見，大家都很尊重我。如果我屬於其他傾向，我很懷疑自己能在工作上如此成功。

許多職業都因為質疑者強調原因與解釋而受益。一位質疑者解釋說：

我是偏向自律者的質疑者。我是一座小城市的土地使用規畫師，主要處理新開發案。其中一部分工作是要確認建商的發展計畫完全按照都市規畫進行（也就是建築物的確切面積、高度，以及與街道的距離都要符合標準）。但有許多事情還是得基於個人的考量及詮釋。

拜質疑者傾向所賜，我跟開發商打交道其實很容易——我只要他們去做對其開發地區有實際意義的事情，也會詳細解釋資金用途。但我的自律者同事則堅持遵守規則，無論適用與否，並常與開發商、經理，甚至市政府當局發生爭執。

如果能在鼓勵及獎勵質疑的環境中工作，以及與具有高度忍耐力、能接受質疑的同儕共事，質疑者會有優秀的表現；他們與常把「因為我說了算」或「我們向來都是這樣做」當口頭禪掛在嘴上的同事處不來。

可以的話，**質疑者最好避開把質疑視為破壞、不合作或阻礙的老闆和同事**。一名質疑者回憶說：「我的前老闆希望每個人都有『合作精神』。我自認我有，但我也認為，我對團隊的價值在於確保大家能以最佳方法把事情做到最好。但只要我一提出問題，老闆就覺得我缺乏團隊精神。」

因為質疑者需要知道為何而做，有些人就選擇當自己的老闆，如此便可以盡情研究與執行決策。

質疑者討厭做武斷、不合理或沒效率的事情，所以無論從事何種職業，最好都能避開上述情形。如果是考慮過度的質疑者，最好是在有時間限制的環境中工作，或是請上司或同事幫忙設定合理的資料研究範圍。

與質疑者相處

- 他們質疑所有的期待，只有認為合理才會去做，甚至可能只願意達成內心期待。
- 他們十分看重原因、研究與資訊。
- 他們是基於資訊及合理性而做決定；但有時是因為某件事情對某人很重要。
- 他們遵循「權威」建議的前提是信任該專家。
- 他們會依個人判斷行事，有時甚至與專家意見背道而馳。
- 他們堅持提問，會讓他人感覺不合群或目中無人。
- 他們討厭任何形式的專制，例如「一次僅限攜帶五件衣服進入更衣室」。
- 他們認為自己的一切行為都是經過深思熟慮，不喜歡受到質疑，如果有人要求提出解釋，他們會覺得很煩，甚至覺得是一種侮辱。
- 他們不擅長讓人做決定，因為不相信別人在行動前有做好充分準備。

第四部

盡責者──「你可以信賴我，我也指望你會信賴我。」

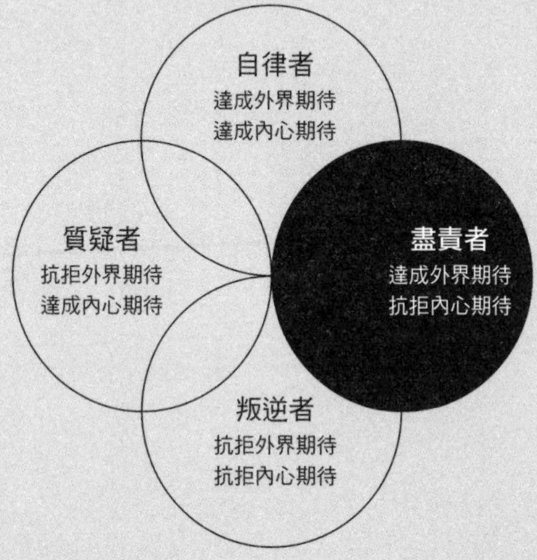

第 7 章

認識盡責者

「你所要求的任何事情我都會辦到，直到我做不動為止。」

隨著時間推移，生活中不免需要面對一連串的期待，包括外界（試圖）加諸的期待，以及我們（試圖）給自己的內心期待。

盡責者隨時準備好要滿足他人加諸在自己身上的外界期待，但卻對完成個人的內心期待有所掙扎。清楚盡責者傾向的特性後，我想起先前友人的問題：「高中參加田徑隊時，我從未缺席過任何一次練習，但為什麼現在我就沒辦法讓自己養成跑步習慣？」我終於找到答案：當有人有教練和隊友指望她出現，這就是外界期待，因此要她準時出現練習就不成問題，但她個人的內心期待卻不足以構成鞭策自己每天跑步的動力。

最終，盡責者會優先回應外部問責。他們每天早上起床後會思考著：「我今天一定要做什麼？是為了誰？」當期待來自外界——老闆、客戶、家人、醫生、教練、問責組織、同事——盡責者就會有所回應。在大部分情況下，他們會在期限內完成工作、遵守承諾，並且為他人堅持到底。

然而，盡責者卻對順從內心聲音有所掙扎。**對盡責者而言，內心的期待才是挑戰**。無論他們多麼想達成單純的內心期待例如運動、參加線上課程、創業……最終幾乎都免不了以失敗作結。看清這一點很殘酷，但這是事實。

好消息是，要彌補盡責者的弱點並不難，只要盡責者知道該怎麼做。

盡責者該如何達成內心期待？透過創造外部問責的方式。一旦盡責者意識到消失的外部問責力量很重要，解決方法就非常直接，而且容易運用。

基於此，透過認識傾向而學到最多的群體是盡責者，遠超過自律者、質疑者與叛逆者。四種傾向的架構能幫助盡責者分析個人行為模式，知道該如何改變自己。（也能幫助身邊的人了解該如何有效影響盡責者。）

這一點很重要，因為在所有的傾向中，盡責者是最大群體，不分男女。

優點

盡責者是世界的支柱。無論是在工作、家中以及生活上，盡責者不僅是最大的群體，也是人們最依賴的對象。盡責者會出現在所有需要他的場合中，他們會在半夜接客戶電話，在期限內完成任務、達成應盡責任，他們自願做事，幫助他人擺脫困難。無論是在工作或家中，盡責者傾向就是負責貢獻己力。

有一次，我準備在會議中討論四種傾向，雖然我演講幾乎不用投影片，但主辦單位力促我使用。

「我不知道該怎麼做投影片。」我承認說。

「噢，那你把東西寄給我，我幫你做。」主辦單位說。

「呃……」語氣中明顯傳達出我對此事的不確定性。

「我是個盡責者。」他補充說。

「噢，」我回答：「這樣的話，那就謝謝你。我星期五能拿到嗎？」

「當然。」他說。我倆都笑了。

盡責者非常善於滿足他人要求以及在期限內完成任務。因為盡責者主動的盡責感，使他們成為傑出的領導者、隊友、朋友、家人。盡責者是每個團體中的重要支柱，他們通常會說：「我把患者／客戶／研究團隊／家人看得比我自己還重要。」

此外，「盡責者」一詞的英文是Obliger，該字以O為字首再適合不過了。就跟O型血是全球普遍常見的血型一樣，盡責者也是最普遍、最常見的搭擋，與其他三種傾向相處融洽、毫不費力。

當盡責者滿足個人內心期待一事出現了外部問責壓力，他們就不會感到受限或挫折。當然，在許多場合中，以工作場合為例，他們會把許多責任攬在身上。如果別人對盡責者的期望也正好是盡責者對自己的期望，這恰恰就是他們想要的生活。

我母親就是最佳例子。她是盡責者，可能有一半是天生，一半是碰巧，她總是能找到符合個人重要目標的外部問責力量。多年來，她固定跟隔壁友人一起散步，達成固定運動的目的；她喜歡閱讀，就加入讀書會。像我母親一樣的盡責者在達成期待的過程中，即便遇到困難也不會沮喪——甚至從未注意到困難的存在——因為他們的生活方式可以毫不費力做到這一點。

缺點

對盡責者而言，如果缺乏某些外部問責力量，無論他們多想達成內心期待，都不會成功。在我研究的案例中顯示，有超過三分之二的盡責者表示對自己感到失望的原因是「我可以為別人付出時間，卻無法留時間給自己」。

基於此，盡責者在取得自我動力必會經過一番掙扎——包括寫博士論文或是創作劇本、參加社交活動、保養車子，甚至做按摩。這些都可能產生嚴重問題。無論盡責者是夢想自行創業、中途轉行，還是戒掉速食，最終可能都會因為無法靠自己達成目標而感到沮喪。一位盡責者總結說：「你可以對自己不守承諾，但答應別人的事情一定要做到。」

盡責者需要透過外部問責力量來達成外界與個人內心的期待；如果問責力量消失，他們就會陷入掙扎。

然而，如果外界期待太過沉重，盡責者可能會出現「盡責者反抗」（Obliger-rebellion）的狀態：他們會完成、完成、再完成某個期待，然後突然理智斷線，從此拒絕達成該期待。「盡責者反抗」的行為可大可小，小則象徵性叛逆，大則展開毀滅。

盡責者需要外部問責來達成期待，但也需要防禦機制，避免因為某些沉重期待而引發「盡責者反抗」的潛在因子。

傾向中的差異

所有的盡責者都會對外部問責有所回應，但對於如何以及何時回應，做法大不相同。

跟其他傾向一樣，盡責者會與其他兩種傾向重疊：自律者（皆達成外界期待）及叛逆者（皆抗拒內心期待）。

雖然盡責者／自律者傾向看起來會因為達成期待的壓力加倍，進而產生不滿或感到精疲力竭，但事實正好相反。偏向自律者的盡責者通常會更清楚自己的能力與慾望，也就比較懂得拒絕，正如自律者知道何時該說不。

我的妹妹伊麗莎白就屬於盡責者／自律者。她是一個能輕鬆滿足外界期待、卻對達成個人內心期待有所掙扎的盡責者；不過，她總能在特定的時間點說：「不，

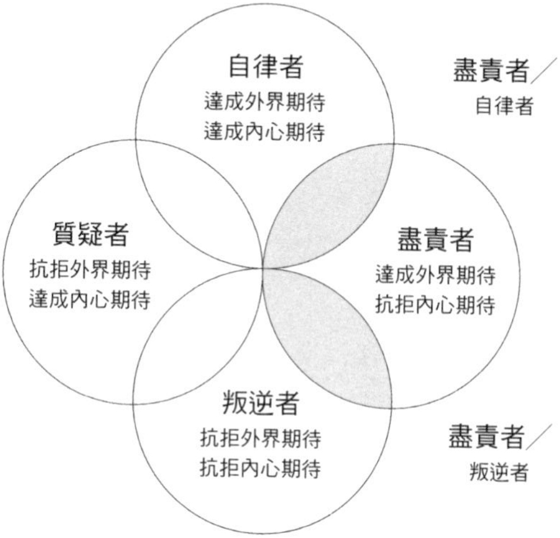

很抱歉，我做不到。」她討厭讓別人失望，但如果她知道自己無法達成某樣期待，要先拒絕也就不難。她可以很輕鬆地告訴自己：「答應你，我就得拒絕別人。所以，很抱歉，我做不到。」我們想不出她有表現出盡責者反抗的時候。（不過我心裡還是浮現幾件事。舉例來說，有一次她特別停在藥妝店，買了一袋薯片，然後在停車場吃掉。她說：「我以前絕對不可能做這種事，感覺像在做壞事似的。」）

相反的，盡責者／叛逆者在外界期待的壓力下會擦槍走火，並且對他人的要求感到怨憤。他們跟叛逆者一樣，經常面對周圍的壓力，但又很難依賴他人，於是對任何的施壓都會反抗。盡責天性意味著他們很難開口拒絕，但內心又覺得不滿與疲累，進而容易出現「盡責者反抗」的狀態。他們會達成期待，但在某個特定的時間點（這一點可能很快就會到來），他們會爆炸。跟叛逆者一樣，他們討厭一成不變的生活模式，討厭在規定的時間做規定的事。一位盡責者／叛逆者解釋說：

當內心不滿卻又得迎合他人的期待，這讓我壓力很大。在工作上出現類似情況尤其累人——每次收到郵件要我做事，或是要坐下寫計畫，我內心總是非常抗拒，但又覺得有責任要完成工作。我知道外部問責可以幫我養成我想要的習慣，但一想到要建立外部問責機制，我就頭皮發麻。我討厭別人告訴我該怎麼做。

此外，有些盡責者會說自己是「好好先生／小姐」，但盡責者對於他們「有責任」要做的事情有不同看法。有些人認為有責任要做許多事；有些人覺得有責任要做的事情不多。某人是否有責任要親手寫感謝卡？要交團隊月報的前夕，有責任要挑燈夜戰？自願接手他人不願意做的任務？有些盡責者覺得有責任去做，有些盡責者則不以為然。

要某些盡責者承擔期待很容易。就像寫信給我的那位盡責者一樣，他說：「老天，知道我是盡責者時，我的第一個反應是：『去做傾向測驗。你應該要幫助葛瑞琴完成研究。』」

事實上，正因為某些盡責者太容易承擔期待，導致就算沒人認為他們該做某件事，他們還是覺得自己有責任去完成。「大家都指望我做會議簡報。」（真的嗎？）、「把髒碗盤留在水槽一整晚是完全不能接受的事情。」（誰不能接受？）、「每個人都指望由我組織會議。」（真的是如此嗎？就算是，那又如何？）

這些盡責者可能會對滿足外界期待感到巨大壓力，但諷刺的是，那是他們給自己帶來的壓力。儘管這一切都是自找的，他們還是會向外界尋找力量。一位盡責者表示：

當我相信這事情是別人希望我做的同時，其實更是我自己想做。舉例來說：如果在倒垃圾的日子，我丈夫需要加班，我會提前幫忙把垃圾處理好，結果幾次下來這變成了我的事……不是因為我丈夫希望我幫忙，而是我認為這是他的希望。即使我知道他並沒有！瑜伽課也是一樣……我逼自己去上幾次課之後，現在我不能不去，因為我怕老師會失望。

她做這些事情不是因為她想做，而是覺得有責任為他人而做，儘管他人並未將期待加諸在她身上。

相反地，有些盡責者的盡責感就不會太強烈。這類的盡責者不會為他人的期待或是要當「好好先生」而感到有所負擔。只要不用接受懲罰，他們也不在意是否滿足期待。

此外，盡責者在釋放能量上也有巨大差異。高能量的盡責者較容易達成期待，低能量的盡責者會較易感到乏力。

如何創造外部問責，達成內心期待

如此一來，盡責者該如何達成內心期待？很簡單——至少就理論上來說。要達成內心期待，盡責者必須創造外部問責的架構。他們需要有監督、過期罰款、期限、監控以及後果等來自外部的力量作為手段，幫助其達成自身承諾。對盡責者來說，這是最關鍵的部分。盡責者（及其身邊的人）都不能期待盡責者本人會受到內心期待而驅動，或是會被後果所說服；盡責者必須要有外部問責的壓力。

一旦盡責者意識到需要外部問責，他們就會建立機制。一名讀者解釋說：

我一直沒辦法養成好習慣，但我週末常會幫忙照顧我姊的五個小孩或我哥的六個小孩，讓他們有時間出門幾天休息——我得靠著這種方式，才能按時睡覺、吃飯與上教堂。我不禁在想：為什麼照顧孩子有助於我養成好習慣？

我年輕時也有同樣情形。二十一歲那年，我幫教會（摩門教）做了十八個月的傳教任務，該任務最特別的是，你一週七天、一天二十四小時都要與另一個傳教士生活在一起、無時無刻關注對方。身為傳教士，一切都很嚴格，包括作息時間、個人（與同伴）的學習或禱告、運動、隨時做好準備，以及每天從早上九點半開始，工作十二小時。我非常享受這種氛圍。

與另一名傳教士二十四小時相處是一種習慣的表現，有人期待我們每天要在相同的時間做相同的事情，這就是固定的責任和監督。

在外面，我的睡眠、飲食、運動、宗教和工作習慣都保持良好，但一回家，我就無法繼續維持。我常希望自己能回到隨時隨地有人陪伴的生活模式，一起做同樣的事情、有相同的目標。

上禮拜因為有客人在家，我就會早起、準備餐點、做家事；客人今早離開後，我看著過去幾天長時間使用卻依然一塵不染的廚房，打從心裡佩服著自己。接著，我給自己做了午餐，但卻沒有動力收拾，我發現自己內心在想：「現在沒有別人，只有我自己了。」所以我跟自己玩了一個心理遊戲，假裝等會兒侄女和侄子來，我就乖乖去收拾廚房了。

成功的祕密到底是什麼？盡責者會為自己選擇正確的問責感，至於如何選擇，盡責者的做法大不相同。

有些盡責者可以輕易地獲得問責感，例如一封自動生成的電子郵件、手機應用程式上標註未完成的待辦事情、運動手環的提示音，就能激發內心的責任。

相較之下，某些盡責者只對真人有回應。如同某位盡責者所寫：「我告訴大家我現在戒糖了，只要身邊有人監督，要我不碰糖絲毫沒問題。唯一失敗的一次，是某天下午，家裡突然只剩下我一個人的時候。」對自律者、質疑者或叛逆者而言，家裡有沒有人都不重要，但對盡責者來說，「人」是非常關鍵的要素。

有位盡責者針對不同的方法在自己身上施行後的成效進行分析：

知道外部問責的重要性之後，我把在家的「運動」（幾乎從未發生過）改為外出參加健身課程。因為健身房要求會員都要先進行課程線上登記，如果在上課前兩小時內取消，就要支付五塊錢的逾時取消費。神奇的是，我不會取消課程的原因，不是因為那五塊錢，而是因為不希望課堂上因為我而出現空位。

事實上，對許多盡責者而言，問責感與錢無關，這一點讓我感到很驚訝。一位盡責者友人告訴我：「多年來我一直想嘗試做瑜伽，好不容易我終於報名了，結果我只去一次。那是一堂三百美元的瑜伽課。」或許對某些盡責者而言，金錢不會帶來責任，因為那是花自己的錢。如果浪費的是別人的錢，或許就會有問責感了。

肯定的是，某些盡責者懂得透過外力機制（待辦事項清單、行事曆、手機提醒），即便只是自己做的提醒，也能創造外部問責的感覺。在外界看來，這類的盡責者與自律者很像，因為都表現出順從內心期待的行為，但對盡責者而言，這只是外界加諸的期待罷了。

有些充滿想像力的盡責者甚至可以把自己當成是第三人，來創造外部問責的效果。一位盡責者表示：「我不認為現在有義務要為自己做些什麼，但我知道自己如果現在沒有達成目標，我會對未來的我有愧疚感。儘管現在的我非常討厭去健身房，但未來的我肯定會希望現在的我能按表操課。」

然而，大部分的盡責者是無法自我創造外部問責；他們必須找到真實的外界資源，需要感受真實的責任。如同有位盡責者所說：

我對「耍花招」的問責感反應很差。如果有人把幫我保有問責感當成是對我的恩惠、幫我達成目標，我對他不會有真正的義務感。當時在寫博士論文時，我和指導教授都會定期見面，但研究進度卻有限。我們都清楚進度落後，我的指導教授也很失望，但我知道我的落後不會對他的職業生涯造成影響，需要付出代價的是我，不是他。最後，唯一能幫我的方法，就是找到研究所裡跟我有相同落後問題的人。我們對彼此有責任——如果我搞砸了或沒出現，夥伴就會失去問責感，也跟著不工作了。

還有什麼不同之處嗎？有些盡責者，尤其是內向的盡責者，喜歡與人保持距離的問責感，例如用手機應用程式，或透過電子郵件溝通的付費教練。

此外，對某些盡責者而言，在正面的情況下問責感發揮效果較佳。不斷的提醒和監督感覺像是在嘮叨，而嘮叨會引發盡責者反抗。當問責感是以讚美、喝采或鼓勵方式出現時，盡責者會表現較好。一位盡責者解釋說：「當我告訴某人要相信我，我就像把命運交付到他人手中；當他人跟我大力擊掌時，我會感覺受到支持，變得更加賣力。歡呼喝采也比較不會讓人感到有侵略性。」

因此，在這裡最重要的問題是：盡責者如何創造問責感？

○問責夥伴

盡責者可以和負責問責的夥伴搭擋：同學、訓練員、私助、教練、健康保健人員、教師、家人或朋友。研究顯示，與問責夥伴一起參加減重班的人，減重成功的機會比獨自進行更高。

有些盡責者會把小孩當成問責夥伴。有研究指出，若把小孩訓練成「改變代理人」，孩子母親的減重成效會更加明顯，也會比控制組的母親參與更多運動。

然而，遺憾的是，非正式的問責夥伴可能不太可靠。如果對方失去興趣、受到分心干擾，或是不想扮演執行的角色，盡責者就會失去動力、停滯不前。有位盡責者感嘆說：「當我的寫作伙伴承認自己已經很久沒有寫小說之後，我真的很無力，因為那讓我覺得我也不用寫了。」

有時候盡責者也會試圖召集人們來扮演問責夥伴的角色，但這些人不一定會配合。舉例來說，自律者向來沒興趣為他人提供問責感。如同有位自律者說的：

我的丈夫屬於盡責者，有時我真不知道該怎麼辦才好。他老說要回學校唸書、要找新工作之類的話，卻從沒付諸行動。但我也不會說他。拜託，如果他真想要什麼，他就應該自己去做，不是嗎？如果我從旁戳他，或許他不會介意，也可能就會動手去做。

她的盡責者丈夫可能更喜歡這種外部問責，但她偏偏不配合。

要從朋友與家人當中找到可靠的問責夥伴並不簡單，如果有專業人士從旁協助，盡責者可能會表現得更好。舉例來說，像是教練——職業教練、健康教練、生活教練——都能藉由設定明確目標、建立期限，並且細心觀察客戶所需，藉此提供關鍵性的問責感。他們拿錢做事，也就不會撒手不管。當然，這需要付出成本（金錢），但也是釋放出盡責者潛力的關鍵。

○問責團體

不想花錢請專業人士，或是不想依賴單一問責夥伴的人，可以加入或組織問責團體，成員可以是朋友、家人、同事，甚至是有相同目標的陌生人，就像匿名戒酒會、體重控制班、法學院讀書會，還有幸福計畫團體，透過與同類型的人相處，我們都能在給予的同時，也獲得問責感、能量與想法。

對許多盡責者而言，面對面互動效果最好，但如果有困難，科技就很重要了。現在有許多平台、手機應用程式、互助團體可以幫助人們獲取問責感——包括我的「更好app」在內，其目的是要幫助各界人士輕鬆得到問責感。虛擬的問責感壓力沒那麼大，但卻方便取得。

在成立問責團體之後，盡責者需要做更多的事。一位盡責者告訴我：「在我意識到自己是盡責者之前，我做事經常會做超出責任範圍。我覺得很累，然後就出現了盡責者反抗。其他傾向的人會基於不同的原因加入，而盡責者需要特別注意身旁的組成份子。」

○客戶、消費者、員工

客戶與消費者所帶來的問責感是出於消費關係的天性。一位盡責者告訴我：「我有一份配合播客播出、關於自助出版的線上課程遲遲無法完成。在我最近一集的節目中，我提出要給前二十五位報名的聽眾免費參加訓練課程。因為有人報名了，我就不得不完成課程內容。」

另一位盡責者也提出類似的解釋：「因為家裡不乾淨，所以我從來不邀人作客。正因如此，我決定邀請朋友來，這樣我就會把家裡打掃乾淨。在我讀你的書之前，我就察覺到自己有這種傾向。我之前覺得這是一種『丟臉的動機』，不過現在我更喜歡你的『外部問責』一詞。」

朋友告訴我，她的盡責者母親把自己變成健身教練，督促自己運動；也有許多盡責者把付費或當義工做為問責策略。

另一方面，盡責者也可以請人創造問責感。我曾經用「聘請青少年」做為打掃儲存區域的策略或處理拖延許久的庭院工作等等之類。一位盡責者告訴我。「聘請他人可以讓我訂下日期與時間，比起取消與家人的約定，如果是我請人來工作，我取消跟對方約定的機率小很多，而付錢給某人會讓我更嚴肅看待事情。」

○對他人的好處

盡責者常會出現一種情況：無法替自己做到的事情，卻能為他人辦到。因此盡

責者可以換個方式思考，達成目標是因為對他人有利，而不是為了個人價值。舉例來說，我聽許多盡責者說過，他們都是在意識到要保護孩子，才下定決心結束糟糕的婚姻。

一位盡責者寫道：「我掌管一間公司，為了創造問責感，我把個人承諾與工作承諾綁在一起，也就是：如果我睡眠充足，工作表現就會更好；如果我運動，就會更有精神，也不用花太多時間做按摩治療。」

另一位盡責者告訴我，「雖然這件事情大大違背我的女性主義情感，但我每天中午還是會幫男朋友（順便幫自己）準備午餐。因為我知道，如果他不依賴我準備午餐的話，我就不可能保持這個習慣。」

盡責者也可以為了做個好榜樣而達成期待。有位盡責者想出一個有創意的點子：「我訂了一條家庭規則，就是我在家的時候，只要我低頭滑手機，孩子也可以玩他們的手機。」

盡責者總能想到好辦法來幫助他人——也為了自己的利益。一位盡責者告訴我：「我太太喜歡運動，可是我不喜歡。因此我們達成協議，如果我前一天沒有運動，她隔天也不能運動。因此，如果我害她不能運動，我會很有罪惡感。」另一位解釋說：「我和大嫂列出想要養成的健康習慣。如果兩人都做到了，就可以去做一天SPA。關鍵是我們都是盡責者，都想為對方賺到SPA的機會。如果我沒做到，她就不能享受SPA，反之亦然。我們可以讓自己失望，但絕不能讓對方失望。」

有時候盡責者會利用未來替自己創造問責感。有好長一段時間，每當有人說「哪天我走了，我要為孩子留下日記」或「我要保持這座花園，為小孩留做紀念」諸如此類的話，我都感到不解——因為我猜孩子們應該不會想要閱讀父親十五年來的日記，他們也不會住在那棟有大花園的房子裡。但我現在知道，這種「為孩子而做」的策略，可以幫助盡責者完成有意義的事情。

許多盡責者即便已經因為期待而精疲力竭，卻還是很難對人說「不」。如果要克服這種不情願，盡責者可以提醒自己，對眼前這個人說「不」，才有機會對另一個人說「好」。「我的團隊一直都想加班工作，」一位朋友告訴我：「我不想讓大家失望，但我家裡也曾討論過，我們想一起吃晚餐。現在我可以拒絕我同事，不然會讓老婆和孩子失望。」

另一位盡責者是一名備受尊敬的教授，答應了許多演講邀約，直到有一天，他想：「如果我婉拒這場演講，別人就有機會了。」這種想法讓他開始拒絕某些演講邀約。

身為自律者，當我聽到有人說：「我發現我得這麼做，才能當個更好的夥伴、員工或朋友。」我心想：「不，你要為自己而做！」但對盡責者而言，有時為了他人而做，才有助於達成自己的目標。

○其他建立問責機制的管道

盡責者尋求問責機制的創意方法經常讓我嘆為觀止。有一次，在一場新書座談會結束後，有位年輕人告訴我：「我有個運動夥伴，每次我們運動完，都會把一隻運動鞋交給對方，如此一來，如果下次我沒出現，他就沒辦法運動。」我最喜歡的問責機制建立方式是來自一位盡責者，他告訴我：「我想要養成早起的習慣，但我一個人住，所以我在臉書上用互隨（Hootsuite）帳號管理系統設定了一則很糗的貼文，如果我沒有在八點前起床解除設定，那則貼文就會發在我所有的社群媒體上。」

無論盡責者是想要達成何種任務，也不管盡責者的個人性格為何，他們總有辦法創造外部問責機制。有位音樂老師寫信告訴我：「我有許多方法能幫助盡責者學生持續練習音樂：加入樂團或管弦樂隊（如果學生擔任特殊角色尤其有效，例如四重奏中的低音單簧管）；輔導學弟妹；組織團隊練習時間，如果有人沒來就會害到隊友；或者與在意的人達成協議，除非盡責者練習，否則對方不能做某件想做的事。

不過，我還是要再強調一遍：盡責者必須藉由外部問責才能達成內心期待。羅斯想想《紐約客》傳奇編輯威廉．肖恩（William Shawn）的例子。在莉蓮．羅斯（Lillian Ross）的回憶錄《我與威廉．肖恩和紐約客的一生》（*Here But Not Here*）中提到，肖恩明顯是盡責者。肖恩是一個非常有能力、備受尊敬的編輯，與妻子塞西爾和三名小孩一起生活了四十年，依照他太太的說法，他跟羅斯也有一個家。

肖恩表現出來的是一個擁有與個人期待完全相符的人生。然而，羅斯筆下的肖恩，覺得自己長期被編輯角色所困，他想寫自己的東西，但又覺得得把工作做好，因為：「沒有別人能讓這份雜誌繼續運營下去……我不能拋下這些人。」有時他會告訴羅斯：「我像是在過另一個人的人生。」雖然肖恩和羅斯有過一段激情，而兩個家也分割著他的人生。羅斯寫道：「我知道他無法離開塞西爾……不管發生什麼事，塞西爾都希望他能在身邊。」

所以，身為盡責者的肖恩要如何打造夢想的人生？如果他與編輯簽下新書合約，他就有期限與責任壓力，就有可能完成自己的寫作。如果他能告訴自己：「我應該給其他編輯有機會證明自己的能力。」他就可以把一部分的雜誌責任分給別人。如果他能告訴羅斯：「你得幫我結束我的婚姻。」或許他們就能攜手做到。

○當外部問責力量消失

關於外部問責，我經常聽到某些專制組織（例如軍隊）會抹滅一個人內心自律機制的論點。舉例來說，詩人史蒂芬・斯彭德（Stephen Spender）在他的自傳《世界中的世界》（*World Within World*）中提到，他發現：「在大多數軍人身上，軍隊的紀律會粉碎一個人原有的自律性。因為軍人長期為處罰與訓練所驅動，導致下部隊的軍人似乎缺乏意志與目的。」但我想斯彭德對驅動力有所誤解。我不認為組織的外部問責力量會摧毀盡責者的自律性，而是會讓盡責者覺得沒必要發展個人的外部問責機制。在日常生活中，許多盡責者意識到如果想成功，就必須有問責感。但是當組織提供外部問責機制，盡責者就不需為自己做事，導致在沒有組織加諸的期待時，一整個就變得不知所措。

一旦沒有充分的外界期待（例如企業、訓練項目、宗教或學校）所限制，盡責者就有危險了。當他們身處在具有外部問責的環境中，表現可以非常完美，維持良好的健康習慣，但是當期待消失，他們就會喪失行動能力——而且還不知道原因為何。一位盡責者寫道：「我之前需要帶領一個大團隊，大家都認為我無所不能。但如果只有我一個人，不需要為員工負責時，要我好好完成一件事情真的很難。」

類似情形還不少。一位教育界友人告訴我：「某些特許學校會對孩子設定要求——該如何穿著、該如何學習、該如何規畫時間。有些小孩在這種環境中表現非常棒，但離開學校之後就什麼都不會做了。」

「這當中可能有許多原因，」我說：「但我猜想其中一個原因，是否是因為盡責者類型的小孩在上大學之前都能從學校的生活模式得到問責感，但一上大學後，似乎就不會有人管你到底在做什麼。」

或者盡責者在學校向來表現良好，但畢業後卻不知所措。「今年秋天我要申請醫學院」、「我要投履歷」、「我要寫小說」或是「我要申請獎學金」之類的目標，隨著不用上課、不用寫報告、不用爭成績、不用取悅教授，動力就全部消失。

同樣地，辭掉全職工作、投入創業風險的盡責者可能會停滯不前，或是在工作轉換期間會陷入膠著，甚至因為變成空巢老人而感到失落。

要是你問有什麼解決辦法？答案就是「外部問責」。

如何駕馭自身傾向的優點與缺點

有些盡責者非常享受這種特質，認為盡責是一種美德和力量。

舉例來說，許多盡責者覺得自己的「客戶優先」心態令人驕傲。一位盡責者非常果斷地告訴我：「不管發生什麼事，我都會以客為尊，這是我的優勢，也是我做事的方法。我不但想這麼做，也希望我手下的人也抱持相同態度。」另一個人贊同說：「我是個很棒的服務者。我認為自己對公司、同事及客戶的責任是非常神聖的，絕對遠超過我個人的需求。」

這種態度會發生在工作上，也可能出現在家裡。許多盡責者都曾語帶滿足的告訴我：「家人的需求永遠擺在第一位。」

很顯然，許多宗教的教條都會強調盡責。

雖然有些盡責者很欣賞自己這項特質，但不免也有些盡責者比自律者、質疑者，甚至是叛逆者更想改變自己的傾向。為什麼？

其他三種傾向的挫折感是來自他人，不是自己。人們可能會討厭頑固的自律者、追問不捨的質疑者，或是老搞不同意見的叛逆者——但那都是別人的問題。對盡責者來說，他們是承受該傾向負面影響的人，經常會為了自己能滿足別人的期待、卻無法達成個人期待而感到懊惱。

一位盡責者來信表示：「要完成工作絕對沒問題，我也是一個非常棒的朋友，隨時都願意幫助他人，但一天結束後，我經常問自己：『你今天為了實現自己夢想做了什麼？』遺憾的是，答案往往是『沒有』。」

有時候，當我告訴盡責者，外部問責是達成內心期待的關鍵，他們並不會因為知道有直接的解決之道而鬆一口氣；相反地，他們討厭自己需要依賴外部問責的機制。

有一次，我以四種傾向為主題做演講，一位盡責者問：「盡責者不能變成自律者嗎？我想要靠自己達成我的期待，不想靠外部問責的力量，不然我覺得自己弱爆了。」

「其實呢，」我謹慎地回答：「在我看來，就算可以改變傾向，但要改變一個人的本質真的非常困難。然而，要找到給自己外部問責的方式很簡單，那何不就選簡單的方式呢？」

與其把重點擺在盡責者的缺點，倒不如透過問責感來找到平衡方式。不同的盡責者對相同的行為有不同的詮釋，完全取決於個人角度。一名盡責者說：「我的體重超重了二十磅，我又不運動，而且還該看牙醫，但我從不拖延工作上的事情，我也是個好丈夫、好爸爸，一直都與家人同在。我對自己很滿意。」另一位表示：「我從不拖延工作上的事情，我是個好妻子、好媽媽，一直都與家人同在，但我的體重超重了二十磅，我又不運動，而且還該看牙醫。我覺得自己很糟糕。」

但無論是喜歡或討厭自己的傾向，盡責者不免會誤解個人的行為模式；他們有時會錯判自己可以達成外界期待、卻無法滿足個人內心期待的原因。

某些盡責者將其歸因於投入程度與要求強度。「如果客戶有事，我就會把自己的事擺一旁——結果永遠都有做不完的事。」

還有一種盡責者則是對完成期待的所需時間有著英雄般的驕傲。一位讀者提到她的盡責者老闆時說：「醫生告訴她要住院，但是她在脊椎手術後就立刻出院、參加工作晚宴。她作風一向如此。」

還有一種的盡責者則將自己的選擇視為自我犧牲。「別人的事情永遠比我的重要」、「我沒時間留給自己」、「別人都說我應該要自私一點」。

還有些盡責者認為自己的做法是因為沒自信、缺乏動機，或是有性格缺陷。

有個朋友一直拖延參加提升職業技能的課程，他說：「我就是懶，沒辦法。」

「才不是這樣！」我反駁：「你所做的每件工作都能如期完成，還參加了慢跑俱樂部，不是嗎？」

「是沒錯，」他不情願地承認：「你的問題絕對不是懶惰，是其他原因。」盡責者的模式無關犧牲、自尊、界線、動機、取悅他人或紀律性，而是——我要再強調一次——有無外部問責的力量。

如果盡責者經常誤解盡責的行為模式，平常就容易犯些錯誤，有時甚至後果不堪設想。盡責者認為，如果可以減少某些外界期待的負擔，自己就能輕鬆一點——例如離開一份要求很多的工作，就能隨時做自己想做的事情。

請注意！在大多數的情況下，如果沒有一點外部問責的壓力，盡責者是無法達成內心期待的。一名盡責者告訴我：「要在人生中為自己的目標清理出一份專屬空間，這招對盡責者是沒用的。這也是我多年來一直犯的錯誤。」

盡責者需要知道自己需要外部問責力量，這一點很重要。否則他們可能會為了達成內心期待而做出重大改變——但事情結果依然不變。舉例來說，有一位讀者在我部落格留言：

我有博士學位（感謝盡責者的特質），我花了五年所寫的東西，或許對別人很重要，但對我卻是毫無意義，真的很累。我決定要留一點時間給自己和我的目標。最主要，我想要減肥、寫第二本書、設立部落格、做輕鬆的項目，並且改造家裡。但到目前為止，我的書還沒開始，部落格也一樣。此外，我還胖了十四磅，很快也會放棄做輕鬆的項目。然而，家裡的改造計畫倒是進行得還不錯，因為我知道我丈夫看到家裡出現改變會有多麼開心。

另一位盡責者發表了退休後類似的經歷：

我當了二十五年的公務人員，與妻子育有二女，我真的很期待退休生活。我終於有機會去追求興趣、做想做的事，我甚至還少拿了退休金，就為了想提早五年退休。

但我原本想做的事情，包括上課、上健身房，還有改造家裡，所有動力在一瞬間全部消失了。

我唯一做到的一件事情，就是加入健行社，幾乎每週三和週六上午都會去走路。我現在知道這是因為外界期待：知道有人在等我，我就會在前一天晚上把東西準備好，隔天早上七點準時出門。

但在其他的個人目標方面，我一直都無法達成，也對自己越來越失望。看到您所提出來的四種傾向真是讓我鬆了一口氣。之後我應該能找到辦法好好完成想做的事。

一位盡責者告訴我：「我們盡責者會先照顧別人，然後才想到自己。」聽到這句話，我唯一能做的，就是不讓自己大喊說：「不是！才不是這樣！」我努力保持冷靜，說：「我不認為盡責者是他人優先，然後在徹底精疲力竭之前才想到自己。事實上，那是因為他們想要達成外界期待，而非內心期待。這差別很大。」

一但盡責者抓到該傾向的規律，就會知道該如何揚長補短。一位盡責者告訴我：「現在我知道自己是盡責者，我就會順勢而為，不再逆向操作了。」

盡責者如何在外界期待與內心期待之間游移

盡責者對外界期待會有所回應，對內心期待有所掙扎，但不同的盡責者對於劃分外界與內心期待的方式有所不同，而該界線也可能視情況而變。

舉例來說，對許多盡責者而言，配偶或家人是他們的一部分，因此配偶的期待就會變成「內心」的期待，進而被忽略。一名質疑者來信，他很挫折的表示：「我丈夫對我跟對他自己的方式都一樣糟。我不是在開玩笑。我希望他能對自己，還有對我好一點。」

我妹妹伊麗莎白告訴我：「我發現如果我們得做某件事情，例如要開支票給人家，我最好是把整封信轉寄給亞當，而不是寫信告訴他該做什麼。他回應外人的要求比較積極。」

有時候，內容會決定家人的期待到底是屬於「內心」還是「外界」期待。一位盡責者友人是個體貼的父親，經常把對孩子的事情視為外界期待，隨時準備滿足孩子的需求。然而，如果在跟客戶談生意，當工作與家庭責任有所衝突時，因為客戶更「外面」，因此客戶優先。

這種內心與外界的界線轉變，可能會導致婚姻問題。一位讀者來信說：

我是盡責者，我婚姻中的衝突往往是身邊的人所導致；只要有外人，我就會從達成丈夫的要求改為滿足身邊其他人的希望。這讓我先生不解，因為他早已習慣我對他的順從。此外，我對我丈夫就跟對我自己一樣，這代表他的需求排在其他人的後面。呃，我們每次的爭吵其實都沒吵到重點上。

此外，若盡責者把家人的期待視為「內心」期待，家人就無法成為有效的外部問責資源。

有位非常成功的盡責者企業家告訴我：「多年來，我太太一直說：『要留點時間給自己，去健身房，你為公司做得夠多了，你應該要去看醫生，如何如何』之類的話，但我從來就沒聽進去。誰有時間做那些事？然後有一天，董事會主席對我說：『艾德，我們今年有許多重大項目要進行，但你看起來好像心臟病隨時會發作的樣子。許多事情都要靠你啊。你要減肥、運動、好好休息，還有去看醫生。』我照做了。」

如何避免盡責者反抗

盡責者經常覺得自己被剝削——事實也是如此。畢竟，在需要尋求協助時，我們會找誰？自律者？質疑者？叛逆者？還是盡責者？當然是盡責者，因為他們最有可能伸出援手。作家卡洛琳・柯奈普（Caroline Knapp）在〈憤怒的籠子〉（*The Rage Cage*）一文中，貼切地描述了盡責者的思維：

友人拜託我幫忙遛狗，這聽似無害的要求卻讓我十分生氣，她說出的理由惹惱了我：她的另一半感冒了，所以她前一天要遛狗兩次，但她又忙著寫學校報告，如果隔天還要再遛兩次，她會招架不住。她告訴我這些話時，我站在原地心想：「等等！我每天也要遛狗兩次，而我都能準時完成工作。」所以她的要求在我聽來是很可笑又很侮辱人的。但我沒讓她把狗帶回去自己遛，而是選擇幫忙——早上六點半去牽狗，盡責地讓牠在水庫周圍活動，然後帶回去給牠的主人，並且在接下來的一週都帶著犧牲、被佔便宜以及憤怒的情緒完成遛狗任務。

如果該鄰居是要求自律者、質疑者或叛逆者幫忙，若對方不想遛狗，肯定會直接拒絕。自律者可能會說：「抱歉，我有自己的事情要做。」質疑者可能會問：「我比你還忙，為什麼要幫你遛狗？」叛逆者會想：「我不想做，所以別指望我。」還有一件事：鄰居知道要拜託盡責者幫忙，因為盡責者通常是好鄰居，即便他們也有自己的狗要遛，有自己的工作與時間壓力，最後還是會答應幫你遛狗、解決麻煩。

當盡責者認為有責任要達成期待，其他傾向的人可能不僅會選擇忽略，甚至不會同情盡責者的選擇；當盡責者還很崇拜自己的行為——「我把別人的需求擺在個人之前」——其他傾向的人可能不以為然。自律者、質疑者及叛逆者會說：「如果每天彈吉他對你而言很重要，你就不要紙上談兵，親自動手去做比較實在。」、「如果你不想做這件事，幹嘛要答應？」、「你說每個客戶的晚餐邀約我們都得出席，但我不這麼認為，所以我不去。」

正因為如此的態度，盡責者經常會感到怨憤、認為別人都不領情。盡責者可能會覺得自律者、質疑者或叛逆者太過以自我為中心、太自私——自律者與質疑者是以自我為中心、是很自私沒錯，但這當中的「自」就是他們的內心期待，也正是他們表現行為的核心。叛逆者看似以自我為中心，但其實是有其他理由。

盡責者會覺得疲憊不堪或被剝削殆盡的另一個原因，是因為他們不擅長把事情交給別人做。基於某些因素，盡責者會親自完成工作，而且不會交給別人。他們認為：「就是因為沒人可做，這件事才會落到我手上。」或「這件事沒有人能做得比我好。」

有一次，我在演講中提出盡責者的此一特點時，事後有聽眾來找我。「我太太就是個盡責者，而你剛剛所說的這件事實在讓我無法忍受，」他說：「她總是堅持感恩節要邀請所有家人一起過節，但又抱怨有一堆事情要做，包括煮飯、收拾等。我說：『我們就請個人來幫忙煮飯和打掃。』但她總說不需要。可是接下來她就希望我能幫忙！我壓根就不想煮飯或收拾啊。我告訴她：『如果你不想做這些事，就別邀請這麼多人，再不然就是花錢請人做。但如果你要邀請別人來我們家，又選擇自己做這些事，那就別再抱怨了！別把我拖下水！』」

我建議他：「你可以說：『如果你忙著做這些事，就沒時間跟家人好聊天，人家感受不到你的歡迎。我們一年見面的次數屈指可數，何不就請人幫忙，你也可以好好跟親戚聊聊天。』或者你可以說：『你如果因為煮飯累壞了，接下來你肯定無法集中注意力，可想而知，你會一直抱怨。這個假期讓大家都好過一點，花錢請人幫忙準備餐點吧。如果你不聽我的建議，我會很失望的。』」

一位盡責者友人告訴我，他的太太是如何與他的盡責者性格相處：

我老婆非常懂我，雖然我很討厭除草，但我覺得還是應該要自己動手，但我週末常得加班，除草這事情就一直拖著，這讓我老婆很不高興。但我又拒絕打電話請除草工人來幫忙。有一天，我老婆回家說：『隔壁鄰居的小孩因為他要賺學費，我請他幫我們打工除草。』現在，我不想讓那孩子失望了。

盡責者的個性在公司往往也是問題。盡責者常會不懂得拒絕他人，也不知該如何請別人幫忙，最後導致自己遇到瓶頸，甚至精疲力竭。盡責者應該要注意這種傾向的行為模式，想辦法找人幫忙或是好好管理事情的先後順序。

因為盡責者會覺得自己被忽視或被剝削，有時就會做出出明顯帶傷害性的行為。如果盡責者覺得被外界壓力壓的喘不過氣，就會瀕臨盡責者反抗的臨界點，進而毫不猶豫的拒絕達成某些期待——通常是很具戲劇性且出乎眾人意料之外。在盡責者反抗中，一直達成期待的盡責者會突然選擇拒絕、決定「不幹了」。

盡責者反抗可能是一時的，也可能會變成持續的行為模式；表現出來的行為也可能有大有小，小到幾乎無法察覺，大至改變人生的爆炸性決定。

從網球明星安德烈．阿格西（Andre Agassi）著名的回憶錄《公開》（*Open*）中，可以看出他就是盡責者反抗最好的例子。他可以達成別人的期待（他父親要求他在網球上的精進；滿足女朋友想結婚的要求），但卻對達成自己的期待有困難。他在小事情上表現出盡責者反抗的典型特質，例如蔑視網球傳統，穿著牛仔短褲、頂著一頭長髮上場比賽，據他自己描述，這種行為是「對於缺乏選擇的人生表示抗議」。阿格西展現出盡責者所能承受的無比能量與成就，但對他人期待所產生的怨憤也隨之而來。

提到著名的盡責者運動員，老虎伍茲（Tiger Woods）也是經歷過不小的盡責者反抗的運動員之一。他不斷告訴身邊的人，說他想要離開高爾夫球界、要加入海豹突擊隊。大家希望他能滿足眾人期待、好好當個高爾夫球明星，而他選擇反抗。

許多情況最終都會引發盡責者反抗，例如下列情況：

- 不切實際的雄心壯志──「你一定能打破今年的銷售紀錄！」
- 不公平的要求，因為其他人沒有做自己份內的事──「既然你這麼厲害，可不可以順便幫忙檢查我的報告？」
- 讓人感到羞愧──「看到你房間這麼亂，真丟臉。」

• 嘮叨或不看好——「你今天終於要去健身房啦？」

• 涉及讓人討厭或不滿的事情——「你得開始打推銷電話。」

• 讓盡責者無法感受個人成功的果實——「你這次能減重成功都是因為我告訴你該怎麼做。」

• 期待是來自於難以取悅的對象或是對盡責者毫無意義可言的人——「如果這是你能做到最好的程度，我想我們就只能這樣發給客戶了。」

• 他人對自己的付出感到理所當然或覺得被剝削了——「你今晚會繼續熬夜對吧？」

• 期待無法反應出盡責者的真實目標——「你如此熱愛科學，肯定會是個好醫生。你應該要念醫學院的。」

• 當期待成為最後一根稻草——「我們要縮減開支，所以你現在要再多處理十個客戶。」

• 表現出罪惡感或尷尬——「你必須要告訴大家你的血糖值。」

盡責者也經常對自己的反抗表現有所不解，不知道自己為何如此、為何無法控制，覺得自己都不像自己了。有位盡責者描述此種反抗情緒：「這大聲的『不要』在某種程度上顛覆了我的人生。」另一位盡責者說：

> 我是非常具有野心的博士候選人，大概再一年就能完成分子生物學的博士學位，但卻發生了我人生中第一次不用心、遲交作業的事情。我覺得身體裡住了一個外星人，我甚至開始問自己：為什麼我會做這種事？是哪裡變了？最可怕的莫過於我誠實地問自己：「為什麼我要拿這個博士學位？」知道自己是盡責者有助於看清自己念博士，主要是為了滿足我妻子、家人、朋友，還有指導教授的外界期待，而不是我個人最真實的目標。

此一說法揭露了**盡責者反抗的傾向不是只有在感到被剝削才會爆發，就連意識到自己所做的一切都是為了滿足他人的期待，也會引發盡責者反抗**。

導致盡責者反抗的原因為何？許多時候，盡責者遇到麻煩的情況不會反抗，例如人力分配不均、剝削，或是對方出爾反爾。幹嘛不反抗呢？因為他們覺得不應該反抗，覺得其他人一定會意識到加諸在自己身上的負擔過重，然後會幫忙分攤重擔。這就是盡責者期待他人知道何時該停止加諸期待，不用當事人多說，旁人就能主動幫盡責者分擔。但這種事情通常不會發生，然後盡責者會感到惱火，認為就算他們沒有拒絕，但憑什麼別人要把如此沉重的期待全壓在自己身上。

為什麼別人不放鬆呢？之前提過，其他傾向對於外界期待的感受跟盡責者不同，沒那麼重視，也就不會注意到自己加諸在盡責者身上的壓力是否過於沉重。此外，其他傾向的人也有抗拒外界期待的方法，自然也就認為盡責者會懂得適時拒絕：「如果你不想做，為什麼要同意？」、「如果你沒辦法在期限內完成，為什麼還要接下額外的工作？」

一旦盡責者反抗，他就不會給別人第二次機會。盡責者會先逆來順受，然後突然爆炸、轉為叛逆。盡責者反抗會讓人在毫無預警的情況下辭職，也可能結束婚姻或友誼。一位盡責者回憶說：

> 我的叛逆來的無聲無息，但卻十分致命、影響深遠。因為盡責者反抗，我的兩段友誼、工作和婚姻都沒了。我也經歷過這一瞬間。這幾個月，我一直在做我認為不合理又沒人會感謝的事情，然後在某個星期一，我打電話給別的老闆，然後當天下午就辭職了。即便公司當下問我「要怎樣你才願意留下來」，我也不會接受慰留。
>
> 「你對我已經不重要了」——就是這種感覺，哪怕是一段維持了十八年的婚姻也

不例外。一段關係撐了好幾年，然後某天早上醒來，我清楚知道，一切都已經結束，沒辦法回頭了。

我不後悔爆發。很感謝您指出傾向的概念，讓我知道在警告訊號響起時該如何應對。也讓我知道，若我的毫無反抗的順從、不停接手別人的爛攤子，風險也會隨之而來。

當然，不管是哪種傾向的人都有可能會結束一段關係。但是在盡責者反抗的前提下，一切都會很突然——盡責者會不斷達成一些看似不合理的期待，然後突然「斷線」。一位盡責者描述盡責者反抗：「我炸開了，完全控制不了那種毀滅感。」其他的盡責者是用「爆發」、「痛苦」、「侵蝕」、「惱火」、「噴發」與「隨時爆發的火山」等字眼來描述與盡責者反抗伴隨而來的感覺。

盡責者反抗的表現可以很戲劇化，也可能是一些小動作。一位盡責者寫道：「每次只要我晚到幾分鐘，有個同事就會一直唸。我很討厭這樣，所以有時候我不想匆匆走進去，乾脆就在車裡多坐幾分鐘。我不喜歡遲到，但是每次都要聽他碎碎唸，真把我惹毛了。他越唸我就越要遲到。」

嘿，抱歉，我遲到了。
我根本不想來。

注意：故意遲到是盡責者的常見反抗表現。事實上，有人透過「更好APP」（Better app），傳給我上圖這件Superluxe T恤的連結，非常適合形容處在反抗狀態的盡責者。

某些盡責者雖有反抗心態，行為還不至於造成太嚴重的傷害，但某些盡責者的反抗則是選擇自我毀滅。一位盡責者解釋說：「我只會選擇傷害自己，不會傷害要求或建議我做某事的人。」例如會在毫無準備的情況下進行簡報或面試。他們的順從盡責中帶著叛逆——只會傷害自己，不會傷害別人。

有時候，在反抗情緒出現前，盡責者會先嘗試滿足所有期待——特別是與健康相關的事情上。一位盡責者寫道：

如果是跟工作、上教堂有關，或是涉及其他義工組織、社交、育兒等活動，我通常會依照期待行事；但如果是減肥或運動之類的期待、責任或限制，不免會出現反效果。我已經數不清自己花了多少錢加入健身房或參加減重俱樂部，但結果就是從沒走進去健身房或是從不參加活動，甚至還會在過程中增加了幾公斤。

因為健康議題會讓人感到壓力、困擾與警告，經常是盡責者反抗的死穴；他們覺得這是來自外界的期待壓力，但其實健康與否的後果全部都是盡責者自己要承擔的。

我在處理研究樣本時發現了一件有趣的事情：盡責者與叛逆者在「醫生告訴我，改變生活習慣很重要，但我做不到」此一表述上有相同的立場。叛逆者拒絕「醫囑」不難理解，但盡責者也這麼說就讓人訝異了。我想原因有二：第一，盡責者不認為有完成改變的責任；第二，盡責者對與健康相關的期待可能會產生盡責者反抗。

雖然盡責者反抗的反應有時候會讓自己在健康、快樂與成功的路上困難重重，但這也不失為一種重要的自我保護機制。盡責者反抗形同重要的緊急逃生工具，讓盡責者逃離討厭的工作、無法忍受的配偶、難搞的關係，或是沉重的責任。盡責者反抗是讓盡責者的安全閥，讓他們在崩潰邊緣釋放出過多的壓力。

通常，在一段時間過後，盡責者反抗的詛咒就會消失，儘管什麼事情都沒變。然而，若要避免盡責者反抗，最好一開始就幫助盡責者遠離倦怠和怨憤的情緒。

對盡責者反抗，我們究竟能做什麼？

一但盡責者意識到出現反抗，可以在察覺自己感到怨憤時，適當採取步驟釋放壓力，然後說出類似以下的話：「我們是否能看一下該如何分配加班？」、「我手上已經有三項任務了。」、「這個週末我一個人沒辦法顧兩個小孩的行程，我們得分工。」

因為盡責者很可能會倦怠，身邊的人——家人、朋友、同事、健康照護專業人士等人——都要盡量幫忙，避免盡責者倦怠。我們可以設立一套機制，鼓勵盡責者說不、把事情交代他人、休息、拒絕要求、留時間給自己等等。一位質疑者寫道：

我的未婚夫是個盡責者，他常覺得我們所做的許多事情，都是我想做的，而不是他想要的。最近，為了公平起見，週六早晨我們會一起坐下來，列出週末要完成的

三、五件事，當成我們要共同完成的目標。我問了他想做的事情，他也說出想做的事情，問責感也隨之而來。

盡責者一旦出現反抗的傾向，就需要將他們從期待中釋放，但矛盾的是，他們又需要外界期待來達到釋放效果。有位經理發現盡責者負擔過重，可能就會轉移他身上的責任，或是責怪同事把太多事情都丟給盡責者去做。

但一切也可能很戲劇化，小說或電影裡經常出現盡責者反抗——最著名的例子莫過於經典的耶誕節電影《風雲人物》（*It's a Wonderful Life*）。喬治・貝禮是一名盡責者，每次做選擇時，總是選擇符合外界期待，而不是順從內心聲音。明顯地，當喬治終於出現盡責者反抗的傾向時，他的目標是自己。在此例中，他差點跳橋了。但遺憾的是，大部分的盡責者身邊都沒有像克拉倫斯那般的天使從旁幫忙。喬治也表現出盡責者的通性——相信他一定要自己完成某個特定期待。但為什麼不是如事先同意的，由喬治的弟弟哈利接管貝禮建屋貸款公司呢？或是如果哈利不想做，他的問題不是應該自己解決嗎？

關於盡責者

可能的優點——

・好老闆、有反應的領導者、團隊成員。
・自認為有責任要滿足他人期待。
・問責感。
・願意多付出。
・對外部問責有所回應。

可能的缺點——

・很可能工作過度、精疲力竭。
・可能會出現具有毀滅性的盡責者反抗模式。
・受到剝削。
・變得怨憤。
・不懂拒絕或設定界線。

第8章

與盡責者相處

「少做承諾。」

職場關係

在許多情況下，盡責者是很棒的同事與主管，配合度高，有人需要幫忙時都會伸出援手，自願多做事。事情出現變化時，應對也非常有彈性。

盡責者對於工作上的期待，無論是截止期限、做出評估或任何能辦到的事，幾乎是有求必應。但在極少數的情況下，若工作環境沒有自然出現問責感，就有必要自行創造。模稜兩可的規勸基本上毫無效果。

有一位屬於盡責者的作家友人回憶說：「當我簽下出版回憶錄的合約後，我告訴編輯：『我只有在要交稿的時候才會寫東西。所以請你隨時向我提出假的截稿期限。』但他說：『別擔心，你寫的一定很棒，肯定能寫完的……』他就一直表現出為我設想的樣子。」

「結果呢？」我問。

「我到截稿前三週才開始寫，如果早點開始，我可以做得更好。」

編輯拒絕提供問責感，這是出於誤解的體貼。如果編輯知道作者是盡責者，他可以採取另一種方式。

在任何情況下，如果有人需要問責感，那就應該給他們；人們提出要求就是因為知道自己需要。一位盡責者告訴我：「我告訴上司，我需要一個難搞、要求很多的老闆。能完成越多事情，工作狀態就越好。」

因為盡責者為達成外界期待貼上很高的價值標籤，其他人或許會藉此占便宜，但如果盡責者覺得被剝削、工作量過高，就有可能出現盡責者反抗，此時管理者或上司就很難處理了。一位盡責者表示：

我是護士，工作單位的人力一直有問題，總是有人請病假、頻繁輪班等之類的事情。我在這裡三年了，老闆也知道哪些人屬於盡責者，總是不斷剝削、要求加班。這真的很討厭，我們忙得昏天黑地時，好幾個「掛病號」的護士卻不停在臉書上發文。有好長一段時間，我都盡量為單位付出，但換來的卻是個人倦態，所以現在我徹底反抗，拒絕所有要求。

這個例子顯示出盡責者一直都不太會拒絕別人，但當他們大聲說「不」，這就真的成問題了。

盡責者通常是非常有價值的員工，管理者照顧好盡責者很重要，要確定不會出現盡責者反抗，如此一來，有價值的員工才不會倦勤、在毫無預警下辭職。

為了避免盡責者反抗，老闆、雇主或同事可以幫忙盡責者設限：

- 提醒盡責者，學會拒絕才有機會接受更重要的事情，例如：「這週五我要看到你的報告，如果你一直參加別人的會議，就無法準時完成工作。」
- 執行設限，避免倦怠或產生盡責者反抗：「你可以休假，我要確定你真的有休假。」
- 阻止他人剝削盡責者：「每個人都有期限壓力，團隊的每個人都要各自把分內的事情做好。」

- 指出盡責者的責任是做好榜樣：「如果你待到晚上九點，就是為員工做了壞榜樣。」
- 如果盡責者手邊工作太多，適時拿掉他的工作：友人是金融公司高層，他告訴我：「我有一個非常有價值的員工，他是最棒的，每個人都想跟他一起工作，因為他總是能讓大家看起來都很棒，但他也不能總是答應所有人的要求，這種做法不可能長久。上次做評估時，我告訴他：『你做太多工作，也做得太好了，我這麼說是一種誠懇的批評。』他無法讓別人幫忙，也不會稍微退一步。所以我們讓他離開一個大項目，結果他發揮的更好了。」

盡責者通常是很棒的老闆，甚至是非常有遠見的領導者，因為他們對組織有責任；他們對任何事情都有所回應、有責任。然而，在所有傾向中，盡責者很難理解為什麼別人不會跟自己有相同的分擔想法。一位盡責者寫到：「我是盡責者，也是個管理者，我發現我很難接受別人對我說不，或是對任何事情都有所質疑。」管理想法不同的人是一大挑戰——而第一步就是要承認差異性。

盡責者達成外界期帶的本能會讓身為老闆的自己惹上麻煩。一位自律者朋友向我描述他對新工作的挫折感。「我老闆顯然是個盡責者，」他告訴我：「她是總裁，卻總是放下手邊工作，親自幫忙客戶或員工，這大大拖累了我們的生產力。最後什麼事情都完成不了。」

當盡責者想要獨立完成工作，他們會面臨特定的挑戰。盡責者在公司時可能工作效率、產能都極高，可一旦自己獨立做事，就會因為缺乏外部問責而導致進度停滯不前。因此，如果盡責者打算自行創業，必須從一開始就建立責任機制。問責感可以來自企業教練、工作導師、消費者、客戶或學生（即便他們沒有領薪水——還沒有），或是來自「更好app」的網友，是誰都沒關係，但就是要從某個地方找到問責感。

一旦建立完成，盡責者類型的企業家便會覺得要達成工作上的外部承諾很容易——在時間內完成客戶要求、繳稅、回電話——不過對於內心的任務還是有困難，例如組織工作、建立企業，或是拒絕浪費時間的要求，還包括拒絕要求過多的客戶。跟之前說過的一樣，解決辦法就是設定時限或劃清界線之類的外部機制。

配偶關係

盡責者非常重視達成他人期待，因此也會是好配偶。然而，做為他們的另一半，需要看出盡責者的模式。

舉例來說，如果盡責者拜託配偶當問責夥伴，配偶最好能提供問責感或找到方法提供。一位盡責者解釋說：「我讓我丈夫每天下班回家後，都要要求我去運動。如果我沒做，他會一直鼓勵我，那我隔天就會更有動力去運動。健康對他很重要，所以他也希望我照做。聽起來很瘋狂，因為雖然是我起頭，但我卻是因為他的要求，才有動力完成。」

夫妻之間也可以透過角色扮演，提供所需的外部問責，限制盡責者的義務感，幫助另一半避免因為倦怠而反抗。「你需要休息。為了我，去躺一下吧。」

有位盡責者說：「我老公自願幫忙照顧小孩，讓我星期六早晨可以去上我喜歡的飛輪課，但不知怎麼的，我自己就是沒辦法去。」她先生可以幫忙說：「你難道不想堅持健康習慣，給孩子做個好榜樣嗎？」或者說：「每個禮拜我跟孩子有獨處時間真的很棒。」用盡責者所重視的價值來幫助他們徹底執行。

一位播客的聽眾來信表示：

知道我丈夫是盡責者，這揭開了一切。他很棒，但我也意識到我必須「保護」他的個人承諾。如果我提出要求，他會立刻放下手邊自己的事情來幫我。我必須要注意，免得他放下了重要的事情。他的前妻就是利用他的盡責天性，所以我得幫他設定界線。

幫她丈夫「設定界線」——指的是幫助他說不（即便是對她），並且避免他人剝削——有助於防止丈夫出現盡責者反抗。盡責者身邊的人可以預測事情的走向，預防出現盡責者反抗的情形。如果配偶要長時間出差，把三個孩子留給盡責者照顧，配偶夠聰明的話，應該要說：「你之前都一個人照顧小孩，我真的非常感謝。我希望你週末好好休息、重新充電，你去做你想做的事情，我來照顧孩子就好。」

因為盡責者對達成外界期待會有壓力，配偶說話時必須要小心，不要隨口提出建議、增加盡責者心理負擔。妻子如果對盡責者丈夫說：「你應該去小聯盟當教練。」砰！炸了！

親子關係

據我觀察，要知道小孩是不是盡責者很難。由於自律者與叛逆者是非常極端的人格特質，通常會很早顯現，但孩子的自主性不若大人，加上成人在很大程度控制了小孩的生活，因此較難看出盡責者特質。

如果清楚知道孩子是盡責者，父母就可以參考該傾向特質。盡責者小孩跟所有盡責者一樣，對問責感都有所回應。如果盡責者小孩應該練鋼琴，幫他列出時間表就是個好辦法，事後老師與家長還可以跟孩子一起檢討練習時間。溫和的提醒也管用：「現在是四點，該去練習了。」老師也可以說：「我可以看得出來你有沒有練習。」

如果盡責者小孩想要達成內心期待，父母要幫他們找出外部問責的力量，加強徹底執行的動力。一位家長回憶說：「我女兒一直想教小狗一堆技能，所以我說：『我幫你報名參加今年的狗展吧。』」

然而，切記避免設定過高的期待——「太棒了！這次參加狗展，我相信你跟巴納比一定會得到藍帶！」孩子可能會為此感到壓力過大，進而導致盡責者反抗。

然而，更重要的是要確保盡責者小孩不是因為要取悅他人（包括父母）才努力表現，導致自己過度投入，或是忽略了能讓自己感到快樂與滿足的事情。

如果有人需要問責感，滿足他們的需求非常重要的。有一次，我演講結束後，一位婦人告訴我：「我女兒一直說：『我想考GRE，我需要補習。』而我總是回她：『不用，你去買幾本GRE的書自己讀就行。』但我現在知道，她是對的，她應該要去補習。」

要求問責感的人知道自己需要什麼。

客戶關係

在四種特質中，盡責者的人數最多，也意味著醫療專業人士需要面對許多的盡責者。一般來說，如果醫生、護士、物理治療師、營養師、訓練員、教練或老師能主動監控進度，盡責者便能從中受益。舉例來說，體育老師可以告訴盡責者學生，如果學生沒來上課，老師會發郵件通知，或者老師會登記出席紀錄，或者老師會很失望或很不高興。

我曾在紐約市一間很熱門的健身中心跟教練們聊過四種傾向。後來，有一位教練告訴我：「關於問責感，有人說過，如果有必要可以用罵的。」

「這是個好主意，」我說。

「但我發現還有其他做法，」她補充說：「以前學員離開之前，我都會說：『我下週會在這裡。』現在我要改說：『我們下週見。』如此一來，學員就會覺得我在等他。」

「太聰明了！」我說。

跟之前一樣，如果有人需要問責感，可能的話，順勢提供才是明智之舉。一位盡責者回憶說：「我告訴牙醫：『請幫我養成使用牙線的習慣。如果我下次複診時牙齒亂七八糟，你就命令我用吧！』她大笑同意。自此之後，我每晚都要使用牙線。」

幫助人們維持健康習慣的設備、手機應用程式及相關服務每年不斷更新問世。雖然這類資源十分有效，但責任機制與盡責者的真實意願相符才是最重要的。對某些盡責者而言，只要一封郵件或健康追蹤設備，即可達成提醒吃藥或督促每日運動習慣的目的；但對某些盡責者來說，要罰錢的手機應用程式會更管用。在「更好

app」上，大家可以組織責任團體，為個人創造問責感，很簡單的。許多人都能因為真人帶來的問責感而獲益。

研究顯示，許多人都願意額外付費、尋求承諾機制。事實上，如果我是健身教練，我就會告訴大家：「根據規則，如果你在上課前二十四小時之內取消預約，依然要支付全額費用。如果你願意的話，我們還可以將罰金變為三倍。」有些盡責者告訴我，他們選擇了三倍的罰金規則。

盡責者能為別人做到的事，卻常常無法為自己而做。如果有人提醒他們，遵守健康相關的醫囑會對他人有利，他們便會乖乖遵守；但如果是為了自己，那就難說了。一名盡責者表示：

> 我懷孕六個月，其中五個月，我每天都會固定吃孕期維他命，沒有一天漏掉，只要對寶寶健康有幫助，我什麼都願意做。一個多月前，我看到一篇文章，說胎兒會吸取母體的養分，所以吃維他命更多是為了母體的健康。對我而言，現在變成是為自己吃維他命，而不是為寶寶。在這種情況下，每隔兩天我會記得吃一次就很不錯了。

盡責者身邊之人要幫忙提供有用的問責感，但也要避免引發盡責者反抗。不要給予太多壓力、一直嘮叨，或是設定遙不可及的目標，而是要想辦法讓盡責者感覺受到鼓勵、支持以及對某事的責任感，再加上合理的獎勵。不過，用說的都比較簡單。

職業選擇

盡責者可以把所有事情做好——只要有外部問責壓力以及不會引起盡責者反抗。在職業選擇上，盡責者應該要記得，有外部問責壓力的工作會讓表現更佳。一名盡責者解釋說：

我最近選擇另一份對盡責者更友善的工作。我剛進入學術界時做得還不錯，當時我的責任感來源是我的指導教授，我知道我要好好做研究、發表好的論文。然而，在我就業後，我唯一的義務只剩下做研究以及對自己負責，許多事情瞬間變得困難重重。我最近從學術研究轉為教學崗位，我愛死這工作了，每天都有機會能滿足他人的期待。

一位盡責者老闆解釋說：「盡責者非常適合我公司的任務導向以及以團隊為中心的文化。」在決定職業時，盡責者也要阻止自己只顧滿足他人、犧牲個人抱負的衝動。問責感是盡責者傾向的核心，盡責者必須找到方法、找出內心渴望，然後發展外部組織，讓自己擁有問責感；如果沒有的話，就可能在職業發展上做出錯誤選擇，成為日後盡責者反抗的起因。

在正常情況下，盡責者不管做任何職業都會成功。許多盡責者告訴過我，盡責的性格正是他們工作領域實際所需——在專業領域如企業法、社會工作、私人健康管理以及醫學。「我的團隊經常通宵編寫程式碼，」一位盡責者告訴我：「但有時也會有人出現說：『抱歉，我沒辦法一直這麼做。』而這種人通常也待不久。」

有一次，我對某商業團隊演講後，有人問我：「既然現在我知道有這些傾向，那我以後就只招盡責者，我希望我的員工都要能滿足各類期待。可以請你告訴我，在招聘的過程中該如何看出盡責者嗎？」我猶豫了。我不認為他心中會為盡責者的最佳利益著想。

與盡責者相處

- 他們能盡力滿足外界期待，但對達成個人內心期待有所困難。
- 他們非常重視對他人的承諾。
- 若能賦予問責感，例如當模範的責任，加上督促、設定截止期限、追蹤等問責方式，他們會有非常成功的表現。
- 他們面對別人的要求，經常難以設定界線。
- 他們不善於把事情交給別人，認為某些期待的出現是因為自己。
- 他們如果想達成內心期待，必須有外部問責的機制。
- 他們會被占便宜的人剝削，因此他們可能會感到怨忿或精疲力竭，在這種情況下，他們需要有人幫忙減輕期待，否則會產生反抗心理。

第五部

叛逆者──「你不能逼我，我也無法強迫自己。」

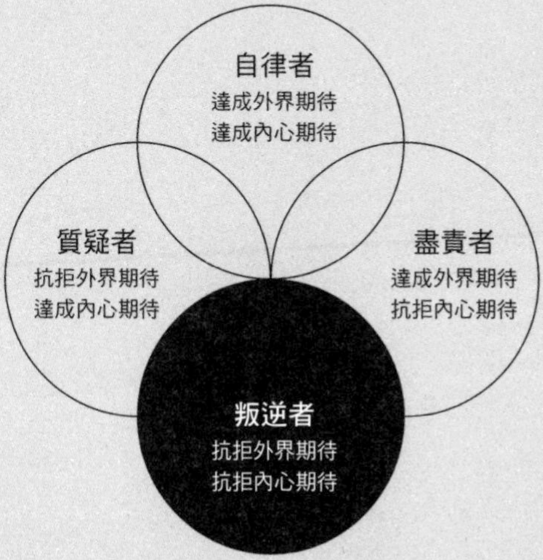

第9章
認識叛逆者

「如果是我必須做的事情，要完成很困難；如果是我想做的事情，要完成很容易。」

每個人的生活中，無時無刻都要面對外界期待與內心期待——也必須決定，「到底是要達成期待？還是抗拒期待？」

對叛逆者而言，答案向來清楚：無論是外界或內心期待，一概抗拒。他們只想做自己想做的事情、用自己的方法、按照自己的進度，如果有人告訴他們應該做什麼，他們會選擇拒絕；叛逆者甚至不想告訴自己該做什麼——他們抗拒任何來源、形式的期待。

叛逆者也想有選擇感、自由感和表達自我的機會。叛逆者早上起床時心想：「我現在想要做什麼呢？」他們拒絕受控制，即使是自我控制也一樣，而且十分享受打破規則、期待及慣例的感覺。諸如「大家都靠你了」、「你領錢就要做事」、「我做了這件事，所以你是不是該做另外一件事」、「我認為這真的很重要，所以我們從現在一起開始做吧」、「事情就該這麼辦」、「你有約了」、「你說你會做」、「這樣更有效率」、「別人會不方便」、「這樣違反規則」、「這是傳統」、「在這期限內完成」或是「這樣很沒禮貌」之類的說法，完全無法說服叛逆者。如果能換種說法，例如說「這樣會很有趣」、「這就是你想要的」、「這件事讓我很焦慮，你覺得你能做嗎」、「我覺得這很重要，你說呢」，叛逆者應該較能接受。只要是叛逆者想做的事情，任何事他們都會做到。

對叛逆者而言，能否選擇非常重要，有時他們做決定只是為了確認自己有選擇權，哪怕該選擇會違背自身利益、甚至不是他們的真正意願。

在我的研究中顯示，如果要問這四種傾向的人如何維持好習慣，叛逆者最有可能回答：「通常我不會選擇綁死自己。」

在四種傾向中，叛逆者人數最少，但卻最引人注目。

優點

叛逆者做事是因為他是自己選擇去做，因此相較於其他傾向的人，他們所面對的壓力較小。

叛逆者享受著以自己的方式迎接挑戰。一位叛逆者傾向的企業家解釋說：身為叛逆者，面對挑戰我就特別有幹勁。「你覺得我沒辦法擁有自己的事業？等著看吧！」每當我聽到自己說「我沒辦法……」或「我永遠無法……」時，我就覺得自己一定要做到。為了向自己證明我可以，我處理過許多不可能的任務，連我自己都覺得不可置信。我認為用「激將法」為策略來刺激叛逆者做正確的事情，或許有幾分風險，但老實說，這一招對我還挺管用。

挑戰他人期待也會讓叛逆者樂在其中。有位叛逆者表示：「自從有人告訴我，走我家附近的林徑小路可能會被搶，我就更堅持要去那裡散步。這或許不是養成健康習慣的好例子，但它奏效了。」另一位戒酒的叛逆者解釋說：「大家都說我不可能戒酒，而我又很喜歡打臉他人，證明他們是錯的。」事實上，根據我的研究調查顯示，叛逆者是四種傾向當中，最認同「我不介意打破規則或違反規定——甚至經常樂在其中」說法的一群。

讓叛逆者做自己想做的事情，他們就會驅使自己努力去做——特別是這件事當中如果有「我會讓你瞧瞧」的成分存在。一位叛逆者寫道：

> 測驗結果顯示我是叛逆者，一開始我覺得這不可能是真的。我是比基尼健美選手，我嚴格控制自己的飲食和運動。我心想：「叛逆者絕對不可能這麼做。」但這完全是一件我想做的事情，而且全部按照我的方式進行。雖然我先生無法理解，朋友也覺得奇怪，這過程非常辛苦，但我還是照做不誤。我很喜歡看別人聽到我說我是健身者（我看起來很纖細，不是壯碩型）或是我曾在海軍當技師時的表情。挑戰期待的刺激感讓我樂在其中。叛逆者的特性此時表露無遺。

叛逆者善於挑戰習慣與常規。舉例來說，我遇過幾對叛逆者夫妻，其中妻子是家庭經濟主要來源；有一次，我在《紐約時報》上看到一篇關於婚姻、家務及收入的模式時，該文章提到：「經濟學家表示，收入較高（高於丈夫）的妻子，在家務與照顧小孩方面付出也明顯較多，或許是要降低丈夫心中的威脅感。」讀及此，我心裡浮現叛逆者的行為模式。在我來看，或許這類男人就是叛逆者，壓根不在意社會世俗認為男人要賺的比女人多的眼光；從叛逆者的行事風格來看，他們也不認為有必要幫忙做一成不變的無聊家務。這無關男子氣概，而是傾向使然。有時候，叛逆者傾向對社會有巨大價值。一名質疑者指出：「叛逆者最寶貴的資產就是其反對聲音。我們不應去改變、或以企業文化為由加以限制、或為此感到可恥。反對聲音的存在就是要保護眾人。」許多「有原因的叛逆」會利用叛逆精神來支持其所相信的原則與目標。一名叛逆者解釋說：「我一直都有反抗權威的衝動，我『為了好事而努力』。我代表被不平等規定所束縛之人，對規定提出質疑，甚至刻意違反規定。」當我聽到有人做事不按牌理出牌——例如第一位在鑽油井架工作的女性——我心想，大概就是叛逆者吧。

一位叛逆者對叛逆性形容的非常貼切：

> 執行任務的叛逆者是一個超級巨星，憑藉著本能行事，不用列出待辦事項，也不用靠任何規定或習慣來完成事情。他們只需找到原因，找到心中真正相信、願意努力爭取的目標，是極為重要的動力。叛逆者內心的信念非常強大，可以抵抗任何來自外部的壓力；他們相信自己的特殊性，甚至優越性——也肯定有自大的一面。但如果叛

逆者找到原因，這原因就會變成他們的主人。

換種說法：以身為叛逆者自豪的人，會覺得非叛逆者是「麻瓜」。**叛逆者非常重視真實性與自主性，並希望可以將個人價值真實反映在日常生活中**。其他人（尤其是盡責者）會覺得跟叛逆者在一起很自在，因為他們盡情做自己想做的事，對拒絕責任也毫不猶豫。叛逆者喜歡有一套自己的做事方式，而且通常頗具風格。就在友人向我介紹她的一位朋友之前，她嘀咕說：「先提醒你一下，他都用拳頭跟人打招呼。」我心想這是啥意思？當我準備要跟對方握手時，他握起拳頭，要跟我碰拳，這下我全明白了。他就是不想跟大家一樣用握手的方式打招呼。友人的叛逆者兒子一直拒絕申請進入大學，而選擇自行打聽一些不為他人所知的國際學校；他找到自己想去的學校之後，立刻積極提出申請。即便在毫無任何期待的情況下，叛逆者也能把事情做好。一位叛逆者告訴我，她高中最後一學期的成績最好；在她上大學後，在校最後一年就已經找到工作。另一位叛逆者表示：「我正在寫書，而且我要在簽合約之前把整本書寫完；因為一旦簽約，我就有來自編輯和時間的壓力，那樣我就不想寫了。」

身為自律者，我在「極端相反」的叛逆者身上學到許多事情。叛逆者讓我知道，我們比自己所想的更自由。如果我不願意在每天早上十點之前起床，家人和同事就知道要有所調整；如果我決定往後人生的每一天都要穿瑜伽褲和慢跑鞋，我也可以這麼做。

我們比自己所想的更自由。

缺點

雖然叛逆者有許多優點，但整體來說，他們也常常讓別人（以及自己）感到挫敗。

如果要求或告訴叛逆者做事，十之八九會遭到拒絕，而叛逆者的拒絕本能會給配偶、健康保健專家、父母、老師、公司主管等人帶來麻煩。一旦對叛逆者施壓越多，他們的反擊力度也越強。一位叛逆者友人告訴我：「沒人能要求我做任何事。我最近收到一封電子郵件，主旨寫著『請讀信』，我直接就把信刪了。」我聽完忍不住大笑。

任何讓叛逆者感覺受到控制的事情，即便是像電話響起、派對邀請或定期會議之類的小事，他們都會抗拒；甚至在意識到自己的抗拒會導致對自己不利、產生不良後果、違背自身意願，他們依然會選擇拒絕。一位叛逆者告訴我：「我吃糖會不舒服，但有時我心想：『我就是要吃糖。』因為我無法接受自己不能做某件事情。」另一位叛逆者表示：「高中時，我因為注意力缺失症而必須服用利他能錠，注意力也大幅提升，但我心想：『憑什麼讓這種藥控制我？你以為就這樣跑進我的嘴巴，讓我在學校能表現更好，我就要乖該聽話嗎？』雖然注意力是提升了，這也是我想要的結果，但是成績沒有隨之進步。」

一名法學院的叛逆者來信說：

> 我的人生算很成功，但我似乎常與某些事情站在對立面。法律系的學生除了我之外，所有人都會挑燈夜戰，以圖書館為家，因此我決定選擇下午去咖啡館讀書；大家都認為，我們學校的學生畢業後就該進入高薪的大企業，因此我決定專攻憲法。然而，在某些情況下，叛逆者性格也為我帶來麻煩。有一份工作時間記錄表我已經遲交好幾個月，而且現在還不打算交；我也蹺了許多「強制出席」的活動或課程。

這段自我描述揭露出重要的矛盾心理：在叛逆者決定選擇自由的同時，最後卻可能反被制約。該名學生決定專攻憲法並非因為感興趣，而是因為要擺脫外界對他專攻公司法的期待。叛逆與服從是對立面，但不能與自由劃上等號。

有位叛逆者告訴我：「同儕壓力在我身上只會造成反效果。如果你說服我做某事，我會自動進入叛逆模式，選擇拒絕。」這段話讓我想起叛逆者「為反對而反對」的一面。他並未發現自己的做法是出於回應同儕壓力——只是想做相反的事情而已。

叛逆者想以自己的進度做事，如果有人催促，他們很可能就會抗拒，甚至拖更久。身邊的人會覺得他們是「拖延者」，但叛逆者不見得不想工作，只是抗拒身邊的人指手畫腳罷了。事實上，越催促叛逆者做事，他們就會越不想完成。

當然，這種模式不免讓叛逆者身邊的人感到無力。一位盡責者回想起她的叛逆者丈夫時表示：

當他無法完成（或開始）某件事情，我通常就會介入。我曾經等了大半年才等到他完成一個項目（我覺得自己做可能還簡單一點），他卻說不是每件事情都能按照我的進度走。有一次，他幫家裡做了小規模整修，正常應該不用兩週就能完成，結果他卻用了一年多的時間。每次我提起這件事，他就很生氣。他不喜歡我加諸在他身上的期待，認為這是一種控制的表現，但我只是不想看到事情沒做完而已。

閱讀該信時，我心想：「或許那件事之所以拖延一年，是因為她不斷提醒他要做。」

叛逆者對按表操課有一種天生的抗拒，看到日曆上出現了待辦事項會讓他覺得被困住了；還有，如果他們先制定計畫，往往會在最後一刻取消。

叛逆者會抗拒做重複、無聊的事情——例如倒垃圾或記錄收支——除非拒絕會導致嚴重後果。許多叛逆者提到，他們會使用自動轉帳繳款，並且在可負擔的情況下，選擇將定期事務外包給他人執行。此外，叛逆者也發現，就算他們拒絕做事，總會有人接手處理。

當然，當必須做某件事情時，我們會去做——即便是叛逆者也一樣。然而，當叛逆者不得不做某件事情時，他們往往會以叛逆的方式完成。我問過一位叛逆者是如何準時繳納帳單，她想都沒想就回答：「我都是用上班時間、用我該工作的時間做的。」當另一位叛逆者友人出席定期會議時，他就帶著iPad玩填字遊戲——而且非常高調。公司能讓他出席會議，但無法逼他聽進會議內容。

即便叛逆者知道必須有所受限的原因，他們還是很難接受。一位叛逆者告訴我：「我結婚五年了，我也很愛我老婆。但我始終無法理解一夫一妻制。我不喜歡別人告訴我，說我不能做什麼。我想要享受所有的體驗，用盡我所有的潛能，也就是這輩子不能只和一個人在一起。」（他後來離婚了。）

叛逆者經常會拒絕接受、拒絕被某種標籤所局限，哪怕是正確的事情也一樣。舉例來說，某些叛逆者會經常換工作、拒絕被某種身分綁住。某些叛逆者所選擇的路可能會與自己所說的完全相反，只因為不想被特定觀點所局限；即便是自己先前說過的話，他們可能拒絕實現，只因為不想被迫採取行動。叛逆者通常不在意外界評價，甚至沉醉在他人認為自己很難搞或與眾不同的眼光當中。（正如其他傾向，這是優點，也是缺點。）

叛逆者抗拒由他人作主的體制。我發現有個有趣的規律：在申請學校時，叛逆者通常只會申請一間學校。他們知道自己想去哪裡，而且也不想讓入學委員會決定他們的未來。

雖然叛逆者會抗拒任何加諸在他身上的期待，但某些叛逆者卻覺得將自己的期

待加諸在他人身上是很自然的事情。塞繆爾．詹森曾經說過：「我們可以看到，大聲高喊自由的人，卻往往不是寬容的那一個。」一位叛逆者寫道：「我希望別人能做我想做的事情，就像我希望自己能做自己想做的事情一樣。」

與叛逆者相處時，接受他們天生根深蒂固的叛逆性很重要；他們的叛逆並非表演，也不會因為長大成熟而消失。有位讀者的來信讓我印象深刻：「叛逆者最終會意識到，我們不可能只做自己想做的事情——成人的世界不可能如此。」無論結果好壞，一般成人的行為模式是我可以選擇這麼做，但叛逆者是「我就是要這麼做」。

傾向中的差異

跟所有傾向一樣，叛逆者傾向也與其他兩種傾向有所重疊——叛逆者與質疑者重疊（皆抗拒外界期待），以及與盡責者重疊（皆抗拒內心期待）。無論叛逆者傾向質疑者或盡責者，都會大大影響其行為模式。

與其抗拒外界期待，叛逆者／質疑者更注重滿足自己的慾望；抗拒的叛逆精

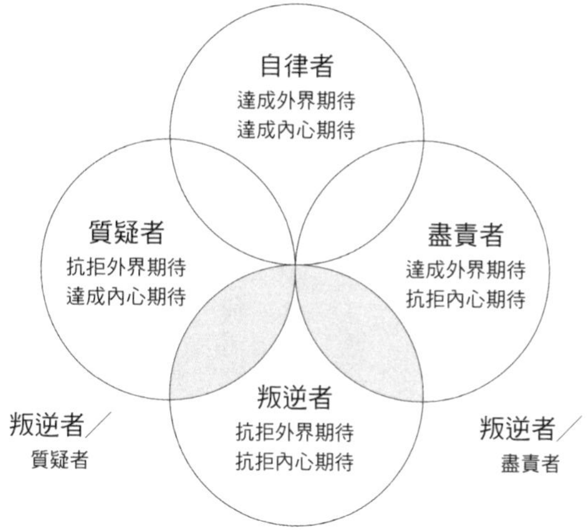

神依舊強烈，但他們更著重在做想做的事情，而不是反抗他人。叛逆者／質疑者在抗拒自身期待方面阻礙較少，正如有位叛逆者／質疑者表示：「如果我不需要對人交待，我就會好好做。因為沒人在意我是否上健身房，我就會經常去。我喜歡為自己做事，如果為他人做事就會陷入掙扎。」

相較之下，叛逆者／盡責者在反抗、逃避控制上有較強烈的矛盾感。盡責者與叛逆者傾向都是抗拒內心期待，是一種充滿怨忿與反抗的狀態。因此就算是叛逆者想要做的事情，叛逆者／盡責者更容易堅持「你不能逼我！」。舉例來說，屬於叛逆者／盡責者的作家伊麗莎白・沃澤爾

（Elizabeth Wurtzel）在其短文作品〈我拒絕當個大人〉中表示：「我只做我想做的事情，我不做別人希望我做的事。有時候就算是想做的事情我也不做，因為有人就是等著看我把事情搞砸。」

對叛逆者／盡責者而言，就算他們想做某事，其他人的同意或鼓勵都有可能激發他們對自身慾望的抗拒。一名叛逆者解釋了他的好習慣是如何因父母的關愛而消失：「如果我試著為自己養成健康習慣（早起、注意飲食），我發現自己會抗拒，最終導致失敗，因為我可以感覺到父母無聲的認同——所以我就不想做了！」

總結來說，叛逆者／質疑者認為：「我做我選擇的事情。」而叛逆者／盡責者認為：「我拒絕做別人說要做的事。」

當然，叛逆者傾向也交織著不同的人格特質。高度體貼他人的叛逆者與完全不關心他人的叛逆者，行為模式上就大相逕庭；一名具有雄心壯志的叛逆者與完全不在意職業生涯發展的叛逆者，人生也大不相同。某些叛逆者的叛逆是充滿爆發力且高調；有些叛逆者則看屬於消極抵抗——以一種沉默而不對立的抵制方式，完成別人所交代的事情。

某些叛逆者很享受當叛逆者。一名叛逆者表示：

我處理了其他人都認為不可能的事情。叛逆者是革命者、是改變遊戲規則的人、是懂得如何擺脫思考框架的問題解決者。身為叛逆者，我讓他人有機會踏出舒適圈、撇開「應該」如何做事的成規來重新檢視事物。

然而，如果說盡責者是最想改變自身傾向的人，那麼叛逆者就是第二位。有些人曾告訴我，說他們是「不情願的叛逆者」。他們覺得遭受孤立或挫敗感，甚至可能因此捲入衝突。一名叛逆者解釋說：

我很羨慕其他傾向。我常覺得身邊的每一個人都比我更善於「當大人」。我對自己無法實現想法感到很沮喪。我很有創意，最近我幾乎把所有積蓄都投入攝影，但卻對接下更多的攝影工作、對這個角色備感壓力。這樣的想法讓我不想再拿起相機。我很擔心如果我越投入，我就會越討厭這件事。

若叛逆者能先認識叛逆的模式，就能好好管理自己的弱點，讓自己活得更加輕鬆愉快。

他人如何讓叛逆者達成期待

叛逆者有自己的原因、只做自己想做的事。如果有人要求或告訴他們去做某事，叛逆者很可能會選擇抗拒——因此身邊的人必須防止意外誘發他們的叛逆心。但這用說的比較容易，要做到很難。

叛逆者經常會認為「這是我的主意」，但事實上，許多人曾經告訴我：「控制叛逆者的方法，就是讓他們認為所有事情都是按照他們的想法進行。」

所以，跟叛逆者相處最有建設性的方法是什麼？總的來說，叛逆者會對所獲得的訊息、後果與選擇做出回應。我們必須給叛逆者做決定所需的相關訊息；警告他們採取行動之後的後果；然後讓他們選擇——不要說教、嘮叨或威嚇。

- 家長可以說：「如果在陽光高照的天氣外出會曬傷。嚴重的曬傷會很痛，皮膚會起水泡、脫皮，然後當朋友們都在外頭玩耍時，他只能待在家裡。所以你是想擦防曬乳液？還是要穿長袖、戴帽子？」
- 老師可以說：「高中畢業之前，學生必須完成一百小時的服務工作。從大一或大二就開始做的學生，在項目類型與時間方面有更多選擇。等待越久，選擇越少。我認識幾名高年級生，他們因為得完成服務要求，導致春假泡湯。如果你對選擇服務項目有任何問題，隨時可以來找我。」

- 配偶可以說：「因為小孩現在很忙，如果家人有任何活動計畫，都要儘早先在日曆上紀錄備註。如果你拖到開會前一週才通知童軍團要召開童子軍小組會議，孩子們可能無法參加，我們兒子也會覺得很丟臉。你是童軍教練，時間是由你安排的。」
- 醫生可以說：「根據研究顯示，運動對六十歲以上的人們非常有幫助。常運動的人更能獨立生活，也比較不會感到衰弱或疼痛。如果你有興趣的話，這本手冊中有幾種不同的運動類型可以參考。」
- 老闆可以說：「客戶有提預算，並且要在一個月之內完成。如果客戶滿意，雙方的合作關係就能維持下去，也意味著以後我們會有更多、更好的項目及收入。你有興趣接手處理嗎？」

叛逆者是隨心所欲，但如果會帶來不良後果，他們也可能選擇不做。如果有人說：「這是你的選擇，但你是否想過……？」就算一開始他們會反擊，但最後做決定時，還是會把他人意見列入考量。

如果要讓訊息—後果—選擇的策略發揮作用，關鍵是要讓叛逆者自行承受不愉快的後果——無論是健康、名聲或方便性。目睹不愉快的後果或許很痛苦，但遺憾的是，後果可能也會影響他人。然而，如果由其他人解決問題，或幫叛逆者完成工作，或是幫叛逆者粉飾太平，他們就沒有理由採取行動。

我和一位盡責者友人在討論後果這件事，他告訴我：「我懂，當然懂。但問題是，我那叛逆者老婆該承擔的後果，我也逃不掉。如果她不付帳單，我就沒有第四臺可以看；如果她最後一刻說不去聽音樂會，我的錢就打水漂了。」

「這個嘛，」我試著不要太尖銳的說：「不管怎樣，你都得找到一個能迎合叛逆者天性的解決之道，或是乾脆讓她自己承擔後果。」

在另一段討論叛逆者的對話中，一位朋友告訴我：「她受邀出席這場盛會，但卻不回覆出席與否。主辦單位不斷打電話說：『我們需要統計用餐人數』以及『您的計畫對我們很重要』，但她就是不回應。那天晚上，她出席了，然後整晚一直在抱怨有多麼討厭她坐的那一桌。」

「看吧。」我說：「主辦單位就是不知道該怎麼說話！他們應該要給予訊息、後果和選擇。『如果您儘早回覆，就能選擇坐位，可以跟朋友坐在一起。如果您還需要一點時間考慮，位置可能會被選走，我們只能安排您跟陌生人坐同桌。您考慮一下，然後請通知我們您的決定。』」當下是教人認識四種傾向的絕佳機會，我自然不能錯過。

提供訊息、後果、選擇。不要說教、只要密切監控或收拾殘局。

有趣的是，某些叛逆者的逆反天性正是讓他們容易落入他人操控的原因。有些人會利用叛逆者的衝動，產生「你不能逼我做」或「我就做給你看」或「你等著瞧」的心態。一位朋友因為無法讓叛逆者女兒遠離電視機，所以她告訴女兒：「你最近壓力很大，應該要好好放鬆。你這幾天就待在家裡，好好看電視吧。」說完的那一刻，女兒站起來，關掉電視，走出家門。

「我不認為你在星期五之前能完成報告」、「我不認為你能成功戒糖」或是「我不認為你能好好享受這件事」這類的表達都能有效激發叛逆者的靈魂（但有些叛逆者還是能看穿言下之意，沒錯）。如果你說：「我看你今天應該不打算去健身房。」這可能會導致叛逆者回答：「噢，我會去的。」而若你說：「你不覺得你今天應該要去健身房嗎？」得到的答案便會是「我不去」。

事實上，有些心理治療師會對患者採取「矛盾介入」（paradoxical intervention），也就是針對需要改變的行為對症下藥。雖然在現實上，該方法的成效有許多的不同解讀，但我敢打賭，這招在叛逆者身上是最有效的。舉例來說，如果每次小孩一聽到要整理床鋪就會大吵大鬧，家長可以告訴她：「在你鋪床之前，先尖叫個幾分鐘，越大聲越好。」

有位叛逆者說明她是如何確保自己不會掉入抗拒的陷阱。「做為叛逆者，如果有人要我做事，或檢查我有沒有做，我的第一反應通常是『不要』或『走開』。發生這種情況時，我會提醒自己，即便是別人要我做或希望我做，我也可以選擇自己做，而不要因為這話是出自別人之口，覺得『沒自由』而拒絕。」

儘管叛逆者會因為他人的要求或告知而產生衝動拒絕，他們也可能因為愛而行動——他們是因為想要而行動，不是因為責任。如果某件事對所愛之人很重要，他們會選擇達成期待，以示其愛。但這也是一種選擇。一位叛逆者青少年解釋說：「我本來就打算幫媽媽做事，例如在她出門期間幫忙做家務；但如果她出門前要求我做，我就會想：『才不要！我做是想給您一個驚喜，而不是因為您的交代。』」

事實是，當醫生、父母、配偶、老師、朋友或上司對叛逆者施壓時，就已然激起叛逆者的抗拒性了。

舉例來說，就算是獎勵好行為，例如「如果你完成工作，就可以提早離開」，就是一種會對叛逆者產生負面影響的控制機制。任何試圖鼓勵或獎勵叛逆者的舉動，可能都會引發反效果。一名叛逆者寫道：

去年夏天，為了參加5K項目，我很努力參加訓練。當我完成人生首次的一英里路跑，我在臉書上分享這分喜悅，也得到許多鼓勵，很多人說：「繼續加油！」還有「今年秋天在5K終點見！」一開始看到這些讚美感覺很棒——但我再也沒有完成相同的紀錄了。我告訴自己，都是因為出差、天氣之類的原因，但我心裡清楚，其實是我的叛逆者性格發作了。

另一位叛逆者也有類似經驗：

大學時，我讀的是我想學的東西，表現也不錯（平均九十五分），直到有一天，教授把我叫去辦公室，告訴我說我還能「做得更好」。自此之後，我的成績開始下降，我覺得如果我做好了、拿到他所期望的滿分，感覺是他贏了。

叛逆者不願意照著他人的指示行事，即便是喜歡做的事情也一樣。一位讀者寫道：

剛結婚的時候，我不知道為什麼每次我穿上性感睡衣，我老公都不撲上來。當時，我還自嘲地想：如果我不想要個浪漫的夜晚，最好的方式就是穿上黑色蕾絲性感睡衣。但我現在知道原來我老公是叛逆者，他不喜歡「被告知」要做愛。經過二十年的婚姻生活，我總算知道要低調展現我的優勢，讓他覺得一切都在他的掌握之中。

基於此，如果叛逆者提出要解決某些事情時，身旁的人最好別提出「更好」的建議來打斷他：

如果我那叛逆者老公想幫我做點事情，我最好樂著接受，因為好事可能不會再發生第二遍！舉例來說，之前有個寒冷的週末夜晚，大約九點左右，他突然說：「我準備好要去清理車庫了。」以前我可能會說：「噢，我們再找個比較閒的週末，可以一起把東西直接拿去慈善機構，今天應該早點休息之類的話。」但現在，我就只會說：「太好了！」

當叛逆者身邊的人試圖幫忙、鼓勵或提醒他該採取行動而被拒絕時，這些人會感到沮喪——但事實上，正是他們的施壓導致事情進展變緩，因為壓力會讓叛逆者產生抗拒。一位叛逆者感嘆地說：

我本來打算開始找工作，沒想到我丈夫（盡責者）突然提出許多問題，還說我不夠努力。所以我乾脆不找了，我就是忍不住要求自己不要有所動作，因為我覺得綁手綁腳、還被拿著放大鏡檢視。他說他想幫我一起找，還說我沒管理好時間。如果他放手別管，事情就會好辦許多。

雖然叛逆者不喜歡別人告訴他該做什麼事情，也不喜歡被計畫所限制，但有時也不是不能妥協。舉例來說，與其把叛逆者塞入特定的時間計畫中，不如讓他們有所選擇。同事可以說：「老闆又開始無聊的說教，告訴我們該如何提出預算方案。所以下週找個你方便的時間，我們一起討論預算吧。」或者朋友可以說：「接下來幾個月會很忙，但我這個週末會在，如果我們可以一起出去瘋一下就太好了。你想出去的話，就打個電話給我吧。」

訊息、後果、選擇。

叛逆者如何讓自己達成期待

叛逆者很難告訴自己該做什麼。當叛逆者讓他人感到挫敗時，他們對自己也很無力，因為內心唱反調的小惡魔總是讓他們抗拒自己的慾望。一名盡責者寫信告訴我：

關於傾向測驗，我得有技巧的讓我丈夫作答（如果我直接要求他做的話，他絕對不肯），而他的答案儼然就是個叛逆者。他不想被綁住，所以如果要他做出承諾，他就會經常改變主意，並且做出與期待相反的事情。他本來可以擁有快樂生活，但卻為自己無法做到而沮喪掙扎。他討厭自己不上健身房。旁人認為他不可靠，這也讓他很痛苦。我可以在他的固執中看到好的一面，但你如果無法達成對自己的期待，你該怎麼辦？

叛逆者會順從內心意願，但有時又會推翻自己的想法。

按照進度、制定計畫聽起來都像是應該要抗拒的責任——即便該計畫是叛逆者想做的事情。（肯定的是，有些叛逆者喜歡制定時間表、待辦事項清單之類的東西，而且如果是他們想做的事情，他們可以按表操課，表現得完全不像叛逆者。）

同樣的，叛逆者也經常因為想要養成習慣而感到挫折——運動、提交個人工作發票、打行銷電話——但他們抗拒被綁住。能用在讓其他傾向的策略在叛逆者身上往往起不了作用。

那麼，對叛逆者該怎麼做呢？反射性抗拒計畫、行程、習慣和承諾的他們，可以用自己的方法做事，關鍵是要記住：他們可以做任何想做的事。

舉例來說，當期待可以讓叛逆者表現出個人定位時，他們就會達成期待——表現出像他們想當的那個人。一名叛逆者解釋說：

> 身為作家，如果我簽下三十天的寫作挑戰，我就完了。最糟的事情莫過於在部落格上將我的計畫公諸於世——我會反抗到底。我告訴自己，我想每天寫作，我想養成每天早上起床後寫作的生活習慣，再想像完成之後的感覺，然後我就會著手執行。

因為叛逆者非常重視面對自己的真實感覺，如果能藉由某種習慣來傳達自身定位，他們就會願意去做。一名叛逆者解釋說：「如果有種習慣能代表一部分的我，那這種習慣就不是綁住我的枷鎖，而是讓我能忠於真正的自己。」為了達成財務目標，叛逆者可以把自己定位成一個知道該如何做出聰明選擇、帶給自己長久自由的人。另一位叛逆者表示：「與其說我想吃得更健康、多運動、用牙線等等，不如說是我在意自己，所以想好好照顧身體。這是我對自己一部分的定位，也就自然而然會去做這些事。」

某些充滿想像力的叛逆者會在定位方式上做文章。一名叛逆者表示：「當我重複做著一成不變的家務時，我身體裡的每個細胞都在吶喊著『不要——』。因此我跟自己玩了個『假如』遊戲。我假裝自己有別的身分、或是有人在拍攝我做事：假裝自己是個完美的男管家、廚師、室內設計師、知名詩人、酷酷的科學家……聽起來很老套，但真的管用。」

有位叛逆者將定位策略與愛挑戰的性格完美結合：「為了要把事情做好，我大膽挑戰自己的內心。我告訴自己：『我是個可以依照規定做事的叛逆者。』這種挑戰令我興奮。當一個意外按照規定行事的叛逆者也是一種叛逆。」

同樣的，叛逆者也能與自己所重視的價值綁在一起，將其視為一種表達自我的方式。「為了養成運動習慣，我報名參加馬拉松，為我所關注的慈善機構募款。」一名叛逆者向我解釋：「將跑步與我內心深處渴望為慈善機構募款的目的相結合，我就能堅持下去。」

另一方面，一名叛逆者建議，可以使用「叛逆者討厭被單一定位所局限」做為策略——即使是叛逆者的身分也一樣。他寫道：「我察覺到自己的叛逆抗拒，然後（這是最重要的部分）——我叛逆地抗拒自己的叛逆天性，選擇有助於達成目標的反應。」

叛逆者的定位也可以透過負面方式形成——叛逆者可以因為不想變成某種人而選擇精通某種習慣。「身為教練，我不會因為自己遲到而讓孩子們空等。」一位叛逆者寫道：「我的身分定位就是『責任』。或許是因為我母親（我最反抗的人），她總說我不負責任。」

叛逆者會透過遊戲、挑戰或選擇等方式，巧妙地避免引發內心的抗拒魂。一位叛逆者表示：「我會在更具策略性的長期項目（但我覺得很無聊的工作）上加入挑戰：『我會在下週一之前把公司外包的所有文書工作全部處理好。』」另一位叛逆者則將待辦工作變成一場遊戲：

我不是列出待辦事項清單，而是將事情寫在不同的紙上，並把所有紙張折好、投入碗中，然後抽中哪張就做哪件事，事情沒有做完之前，我不會抽下一張。這變成了一場有趣的機會遊戲，看著抽出來的小紙條就不覺得自己被一長串的待辦事項所壓迫了。

另一位叛逆者則是在「待辦事項」的文字上做變化：「所謂『待辦事項』清單，那是一張我永遠不可能去做的事情，因為只要我不得不做某件事，那件事我應該就不會做了。然而，『可做事項』清單則讓我知道，我可以選擇是否要完成任務。」

在某些情況下，如果叛逆者老想著「這個人期待我完成這件事」，這樣只會激發對立，他們可以換個方式思考：「這個人是在做我希望他做的事情，所以我才能得到我要的結果。」或「這分工作能讓我學到我所想要的技能。」一名叛逆者朋友解釋說：「我的貸款經紀人要我把一些資料寄給她，我一直不做，直到有一天，我心想：『她是為我工作，幫我處理貸款，所以我才有更多資金可用，而不用把錢給大銀行。』然後我就願意提供資料了。」

叛逆者不喜受限的特質也可以視為一種正面力量，幫助叛逆者抵抗菸癮、垃圾食物、酒精、科技產品或其他會上癮的事情。一名叛逆者表示：

如果我試圖控制飲食，有時我會覺得「不能做我想做的事」，然後就會想叛逆的去抵制；現在我會反過來想：「我可以做自己想做的事，這種新的飲食習慣就是我想要的。」

在我看來，不健康的食物就是商人試圖加諸在消費者身上的壓力，讓我們吃下含有高油脂、鹽、糖等沒營養的化學垃圾。他們試圖引誘消費者上鉤，讓我們產生渴望，進而成為垃圾食物的奴隸。好吧，你可以把那些浪費錢又沒用的垃圾扔了吧。在我看來，其實所有的餅乾、薯片、白麵粉、精緻糖，甚至是有些保健產品都假裝自己是健康選擇。這樣夠叛逆了嗎？

我不會覺得自己被剝奪了什麼。身為叛逆者，我有時也會打破自己的規則，吃我想吃的東西。只是大部分的時候，我會叛逆地抗拒垃圾食物產業。

叛逆者不喜歡被既定行程所困，因此當他們做自己想做的事情時，通常會表現比較好，當他們想做時——不會被任何期待激發抗拒心理。舉例來說，與其在手機中設定運動提醒——這會激起反抗——叛逆者可以記下家裡附近所有的健身課程時間，想運動時就選擇參加當下比較吸引人的課程即可。

叛逆者可以做任何想做的事情，也會提醒自己不要惹麻煩。一名叛逆者告訴我：「我都準時報稅，因為跟國稅局打交道更麻煩，這是我的經驗之談。我開車打方向燈不是因為遵守交通規則，而是因為我不想被哪個白癡撞上。」

有些叛逆者會利用負面後果做為強迫行動的力量。我聽過有一位非常有野心的叛逆者作家，她始終保持作品產量豐富的方式，就是一賺到錢之後就馬上花光。她知道如果自己不用賺錢，她就不會再寫東西了。

當叛逆者認識叛逆傾向後，便可利用該傾向的力量，幫助自己完成所有想做的事情。

為何叛逆者深受高規範的環境吸引

叛逆傾向包含了令人詫異的矛盾。某些叛逆者深受含有高度期待與規則的單位所吸引，例如軍隊、警局、大型企業與宗教團體。

對部分的叛逆者而言，這反應出對目的感的深層需求。一名叛逆者解釋說：「我認為某些叛逆者渴望從軍或擔任神職人員，是因為在每天漫無目的的生活中，這類職業能給予一種目的感。待在辦公室的叛逆者（像我）會覺得被困在籠子裡。」另一位叛逆者也表示同意說：「你也會在神職人員或軍人中發現叛逆者性格的人，因為這是他們認為值得投入所有精力的大事。」

此外，許多叛逆者會從反擊當中找到能量與方向，而含有高度規則的環境能給叛逆者有足夠多的規則去忽視、夠多的限制去超越、夠多的慣例去違反。一位叛逆者表示：

我之前是海軍陸戰隊，我相信軍中有叛逆者傾向的人機率很高。我自己也是叛逆者，就我的觀察，叛逆者經常因為拒絕遵守社會規則而給自己帶來麻煩，甚至得因此入獄或從軍（我身邊有兩個人就是這樣），這一點都沒錯。其次，軍隊中有一堆規則要遵守，也讓叛逆者有許多選擇，看是要打破哪些規定。這也正是我如何在一堆規矩的海軍陸戰隊中生存的方式。許多規矩不會造成生命危險，我就選擇違反這類的規定。儘管如此，我還是在工作上有所成就，並且獲得許多獎項。

對某些因為工作太過自由而無所適從的叛逆者而言，他們很適合在具有許多規矩的環境中工作。正如有位叛逆者所說：「我會盡全力反對體制，但我需要它的存在，我才有反對目標。」

在一項高度規矩如何吸引叛逆者的研究中，托馬斯・默頓（Thomas Merton）的例子讓我印象深刻。默頓是一位苦修士，其作品在一九五零年代和六零年代非常有影響力；在二〇一五年時，教宗方濟各說他是為世界開闢新前景的美國人。默頓在其大量作品中表達了叛逆者的觀點：反對的衝動、對自由的渴望、決心要以自己的方式行事。

對叛逆者而言，自由是至高無上的價值；對默頓而言，自由來自完全服從上帝的意志——在需求、雜音與痛苦中，承諾遠離叛逆、放下自我的服從。

在一九四一年，默頓成為肯塔基州蓋斯塞曼尼修道院的苦修士，但他是以自己的方式當苦修士。雖然苦修士必須遵守嚴格的群體作息，但默頓說服院長讓他建立一座「隱居處」。自從默頓搬入他的隱居處後，他幾乎就不受修道院的義務及勞動所限制——不僅如此，他的「隱居處」還變成了與許多訪客會面之處，完全不受任何監控。

默頓最引人注目的叛逆行為發生在一九九六年，當時他經歷一場手術後，便與學生護士M相戀。默頓毫不猶豫打破規則。他和M有許多「非法」往來、信件與電話聯繫，甚至還把朋友拖下水，拜託大家幫他安排約會。顯然在默頓心中，他認為他想做的一切事情都是上帝允許的。

叛逆者是一種結合力量與矛盾的傾向。

關於叛逆者

可能的優點——

・心智獨立。
・跳脫框架思考。
・不為約定俗成的智慧所局限。
・願意以個人方式行事，衝撞社會規範。
・真實做自己。
・自發性。

可能的缺點——

・一旦有人告知或要求做某事時，可能會選擇抗拒。
・不配合。
・不為他人考慮。
・若是需要以相同方式、定期完成的任務，通常難以達成。
・不按常理出牌。
・不安分；難以在一分工作、一段關係或一座城市裡安頓下來。
・對於固定行程與計畫難以配合。
・不在意外界評價。

第10章 與叛逆者相處

「你又不是我老闆。」

職場關係

叛逆者可以為工作帶來巨大力量：他們願意打破常規、跳脫思考框架，並且結合興趣與欲望。

叛逆者在工作時也會做得風生水起——前提是工作內容與個人目標一致。叛逆者的工作產量可以很高，但必須是讓他們以自己的方式做事，越少干涉越好——沒錯，雖然很矛盾，但有些叛逆者還是需要有個組織在，好讓他們有機會選擇忽視或反抗。

許多叛逆者對挑戰都有正面回應，在能以自己方法做事的工作環境中也能表現得非常好。一名叛逆者解釋說：

我畢業後第一份工作是在一間大型顧問公司，老闆非常棒，他交給我非常困難的案子，說：「聽著，我們遇到大麻煩，我不知道該如何解決，這就交給你了。三個月內給我答案，如果有任何麻煩隨時找我。」在這種情況下，我會盡力做到最好。我愛死這種感覺。但後來他離開了，換成一個大小事都要管的新老闆，最後我就辭職自己創業了。

要注意，老闆放手不管的方法雖然對叛逆者很管用，但可能不適合盡責者。叛逆者喜歡挑戰，對於乏味、重複的工作興趣缺缺——這影響可大可小，視工作場合而定。有位叛逆者這麼描述自己：「為了克服我在日常工作方面的不完美，我選擇默默做我喜歡的工作——大而有趣的挑戰。我做得非常成功，但我覺得依照我努力的程度，應該還可以做得更好。我有一大半的工作都是在彌補日常工作領域的漏洞。」或許她和老闆應該要重新調整日常工作的任務分配，反正不管怎樣都無法完成，乾脆就讓叛逆者專注在重大挑戰之上吧。

雖然叛逆者通常不會接受命令或指示，但某些挑戰者若是坐在負責人的位置上，跟其他人相處也能十分融洽。一名叛逆者解釋說：「我希望每個人都能按照我的方法做事，從員工到我的小孩都一樣。當個叛逆者免不了會有雜亂無章的時候，也不想遵守任何規矩，因此我需要與我配合的員工。」

我有個叛逆者友人，他也是一位備受尊敬的教授，說：「學術界不喜歡叛逆者。」

「那要如何拿到永久教職？」我問。

「你必須要發表論文才有可能拿到永久教職，但你可以選擇要怎麼做——寫一本書、兩本書，再加上許多文章。一旦你拿到永久教職，除了上課，其他事情都可以不用做，而且還很自由，可以做自己想做的事情。院長不會說：『你最好多寫點東西。從你上一本書到現在已經過了十年了。』即便那是院長心中想講的話，他也不會說出口。我寫東西是因為我想寫，不是因為有人要我寫。」

身為老闆，叛逆者會是激勵人心的領導者，具有決心和動力要完成目標。而且不好搞定。

一名質疑者表示：

當我意識到之前的上司是叛逆者，我終於瞭解身為質疑者的我，當時為何無法理解她的行為模式。如果上司提出要求，而且是她本來就打算要做的事情，她最終依然無法完成。我們一起制定工作流程，但一週後她就無視於規則的存在。

身為質疑者，跟叛逆者共事真的很不舒服。我不懂她為何做此選擇，也無法理解她為何不能堅持自己的決定。她的所有決定或做法都毫無邏輯可言。

與叛逆者共事，最好要提供訊息、坦白說出可能後果，並讓他們選擇如何採取行動，這才有助於事情發展。訊息—後果—選擇：「每週的員工會議是讓我們一起做出許多重大決定以及如何分工。如果你缺席，對於公司發展方向就失去發聲權，甚至你可能得做不想做的任務。」

如果叛逆者想成為別人眼中具有強大領導力、有遠見、支持員工的老闆，就要選擇與叛逆身分和平共處。「你出席月會，員工會覺得你聽進了他們的想法與心聲；如果你不去，員工會覺得你難以接近、不在意他們的想法。」

叛逆者通常想要開創自己的事業，或是以自由職業形式工作，因為他們想要用自己的方法、自己的進度做自己的事，不需別人告訴他們該做什麼。但他們也經常陷入困境，因為他們也不想告訴自己應該做什麼。他們受不了有時限壓力，抗拒做太過細究或重複的工作，也不想被進度所困。

基於此原因，叛逆者企業家通常會與人——確保能完成基本任務的盡責者——一起合作。我曾與成功發展網站事業的叛逆者聊過：「我提供願景，為品牌發聲，提出發展的方向與意見。一週中有幾天我會在辦公室，有幾天不去。我的合夥人負責與廣告商溝通、管理員工，並且管控財務。」

叛逆者除了常與盡責者搭擋之外，也常與家人成為工作夥伴——大概是因為親人對叛逆者有較高的理解與包容，知道該如何與他相處。

配偶關係

如果另一半是屬於叛逆型，相處上就是一大挑戰，因此也常有人問我：「叛逆者是否較難維持長期關係？」根據研究資料結果顯示，叛逆者跟其他傾向的人在與配偶或長期伴侶的相處上並無差別。

如果知道某人是叛逆者，就可以更清楚瞭解他的行為模式。大學友人告訴我：「知道我丈夫是叛逆者後，我們的關係變得更好。現在如果我說：『我們來做這件事。』而他卻回答：『打死我也不做。』我就不會把他的回答往心裡去了。因為這並不是他對我個人或我們婚姻的反應。這就是他回應所有人的方式。」

對叛逆者以及所有人而言，知道後果有時足以讓人採取行動。一位自律者說起她的叛逆者先生在面臨離婚的可能性時，是如何因為愛而改變行為：

事實上，一開始都是我包辦所有大小事，結婚不到一年就快走不下去了，但我丈夫拉我去做婚姻諮商，我們學會了尊重彼此的差異。

身為自律者，我有許多動力；但我的叛逆者丈夫的動力只有一個：愛。他做所有事情都只出於愛。他知道什麼事情對我很重要，就會努力支持我，因為他愛我。我倆的個性組合也造就了特殊的生活型態：我擁有成功的事業，而丈夫主要負責照顧小孩。

所以要扮演好叛逆者的配偶角色，最主要的關鍵是什麼呢？要求越多，叛逆者越會抗拒。有位叛逆者的配偶告訴我：「我用了二十年才發現，我要求越少，得到的越多。」

叛逆者最讓人印象深刻的模式就是如果叛逆者能成功經營一段長期關係，無論是在家或在工作方面，通常都是與盡責者一起合作。

鮮有自律者或質疑者會喜歡叛逆者的行為。自律者認為叛逆者是衝動且不負責任，而叛逆者認為自律者太過死板；質疑者認為叛逆者是靠衝動來做事，而叛逆者認為質疑者花太多時間分析事情。

相較之下，盡責者比自律者或質疑者更能接受叛逆者的行為，並且能從中得利。

不像自律者或質疑者會對叛逆者拒絕達成期待的行為感到不安，盡責者則是能從叛逆者拒絕接受外界期待中獲利，甚至樂在其中（至少有時候是如此）。對盡責者而言，達成外界期待會有巨大莫名的壓力，所以跟跟忽視期待的人在一起，就變得十分輕鬆。一位嫁給叛逆者的盡責者回憶說：「有一次，有人包辦了我先生的所有開銷，讓我們到異國參加作家聚會。我們去了，對方希望我們能參加所有會議討論、出席雞尾酒會等活動。我說：『天啊，他們邀請我們，還付了所有帳單，我們得做好這些事。』他說：『不用，我們什麼都不用做。』結果，只要是不想做的事情，我們一件都沒做。」

另一位盡責者（偏叛逆者）解釋說她為何喜歡有叛逆者作陪：

我們盡責者其實都有叛逆的天性，就像我喜歡非傳統的髮色，這也正是為什麼我們喜歡叛逆者。叛逆者讓我們知道，享受叛逆天性沒有什麼大不了，也能讓盡責者在達成某些任務時多了幾分自由。我丈夫跟我最要好的朋友都是叛逆者，他們讓生活變得有趣，還認為我「奇特」的生活方式很酷。除此之外，他們讓我知道，在我被責任榨乾之前，要先把自己照顧好；而質疑者和自律者（我弟弟和繼父）就只會不斷問我說，如果我「無法處理的話」，為何還要攬事？

事實上，叛逆者可以幫助盡責者免於落入反抗模式，因為叛逆者會鼓勵盡責者反抗外界期待。正如一位盡責者所說：「跟叛逆者生活有時是種挑戰，但他懂得一個『不』字。對他而言，不想做某件事情很正常，他也不指望我凡事都說好。自從我知道不需盡責比盡責更難之後，我開始懂得為自己保留空間了。」允許叛逆的空間對處在期待壓力下的盡責者而言，不失為一種解壓閥。

在叛逆者與盡責者配對組合中，因為有盡責者的存在，叛逆的一方可以輕易忽視日常生活中的期待，因為叛逆者的爛攤子全讓盡責者收拾了。一名叛逆者寫道：

「我老公是很棒的另一半，他總會打點家務雜事，讓我的生活變得很輕鬆；但我希望他會覺得，是我讓他能活在當下、享受生活。」如果雙方都同意這種互惠方式，婚姻自然能幸福維持下去。

一名盡責者友人告訴我：「我們住的地方，車輛進出需要識別貼紙，我幫我那叛逆者老公弄了一張，放在櫃子上，要他貼在車裡，但他『搞丟了』，現在得繳一堆罰金。」

「家裡的錢就這樣浪費了，你不生氣嗎？」我問。

「不會。他知道我會聯繫有關單位，告訴對方我們有識別貼紙，只是失效了，然後得以免繳罰金。這招雖然管用，但還是需要我去做，因為我老公討厭去付錢。」

身為自律者，我必須說，這故事真是讓我難以置信。

另一位有叛逆者配偶的盡責者回憶說：「在結婚之前，我到朋友家拜訪，看到冰箱上貼著『他』和『她』的家務分配，我傻眼了，心想：『我絕對不會做出這種事，這種連做家務也要壁壘分明的婚姻不是我想要的。』對我而言，和諧最重要。我情願多做一些事，也不要成天管對方在做什麼。」

對我而言，身為自律者，她的操控欲似乎不公平。如果傑米沒有先考慮自己責任，逕自把期待加諸在我身上，我肯定會很不滿。但是在他人眼中，我可能就像上述中，不想當時刻監督家務的盡責者。

一位朋友語帶不滿地說：「叛逆者都是受到大家照顧的人。」這種模式還有矛盾的一面：叛逆者會變得很依賴。他們的自由來自別人幫忙處理日常生活中的應盡責任。

同樣地，當拒絕執行計畫能為叛逆者帶來自由感的同時，其他人也經常因為他們的行為而設定日程表。一位叛逆者解釋說：「當我丈夫不事前告訴我（已經安排好）計畫，那是最有趣的時候。他說：『這就是要做的事，看你是要參加一部分或是全部參加。』於是我們從一個活動換到另一個活動，感覺非常有趣，也沒有受到強迫的感覺。」好吧，她覺得是自願參與、是自己做的選擇——但行程是他人制定的。

當叛逆者與質疑者或自律者配對時，這種關係組合能完成更多工作。有一位質疑者妻子，她的丈夫與小孩也是叛逆者，說：

我可以理解在法國抵抗運動（French Resistance）期間，擁有叛逆者精神是一件非常好的事情。但我們現在不是生活在那個年代。我很後悔嫁給一個叛逆者。我們在約會時，他對我的要求是有求必應；結婚之後，一切都變了。我們也努力改變，但如果我嫁給的是盡責者，事情可能就沒這麼困難，而現在我的所有問題也快把他搞瘋了

並非所有叛逆者的組合都有相處問題。舉例來說，在用餐時，我坐在一名自律者丈夫身旁，他娶的是一名叛逆者。當我巧妙地問他是如何忍受時，他解釋說：「因為我妻子是一個非常體貼、充滿愛的人。」「真有趣。」我心想。一個人的傾向只是人格中的一部分，在此例中表現無疑。他繼續說：「如果我拜託她做事，她當下會拒絕。但是一週後，她會提出解決方案，並且考慮我的想法。」

「比方說？」

「例如有一次，她提議要添購一些門廊傢俱，但我說這會看起來很亂。她說：『不會，你錯了，會管用的。』但一週後，她給我看新方案，看起來確實沒有那麼亂。」

「沒錯。」我點頭說：「那她是否曾拒絕做什麼事情，讓你覺得是個大問題？」

「當然有。像我們結婚時，她不願意寫謝卡。這事情就大條了。」

「你不能自己做嗎？」我問。

「我當然可以！但我想到這個問題時，已經太遲了，因為我們已經打開了一堆禮物，卻沒有記錄送禮者是誰。」他嘆口氣：「我還是得靠自己想辦法、努力回想。」

另一位嫁給叛逆者的自律者解釋他們婚姻的起伏過程：

我跟我先生是在大學時認識，我們的傾向從一開始就很明顯。在大學時，我很出色，但他就是個學渣。雖然我先生聰明的不得了，但遇到他不喜歡的作業，他就會選擇回答其他問題、不回答老師所提的問題。他用自己的方式學習，但也導致成績不及格。我丈夫在學校也是個非典型的學生（二十四歲才入學），因為他有自己的時間表；而我嚴守規則，有兩個碩士學位。

我花了好長一段時間，才終於知道為什麼我丈夫經常會做出與我要求相反的事情。雖然許多人都覺得很難接受這種差異性，但我很欣賞我先生獨樹一幟的風格。我先生的叛逆者傾向也讓我們的生活變得跟許多家庭不太一樣。我事業心重，他配合我的工作搬了幾次家，現在我是家中的經濟來源。我們選擇不要小孩。我丈夫在家寫小說。當我念碩士與博士時，他在財務上（及情緒上）都支持著我，他也迅速辭職展開寫作生涯。我們一起分攤家事，輪流煮飯。

我欣賞他的叛逆傾向也意味著在他的生活選擇上，我不會干涉太多，因為我真的無法逼他做任何事。（但是當他的選擇跟我的重複時，那就另當別論。）

無論是何種傾向組合，唯有把重點擺在所愛之人的正面事情上，才有可能經營出一段成功的關係。

親子關係

許多叛逆者都曾告訴我，他們小時候發現沒人能強迫自己做任何事情的那一刻。「我當時坐在地上，媽媽要我自己穿鞋。」一位叛逆者說：「然後我心想：『她不能逼我！』我不穿，在地上一坐就是兩個小時。」

養育叛逆者類型的小孩對家長是一大挑戰。每當告訴或要求小孩做事，通常會被拒絕。叛逆者小孩想要選擇自己的方式，不希望別人預設任何期待。友人說：

「我告訴我那叛逆者女兒，說我『五分鐘』就會把她趕上床睡覺，她卻回答：『四分鐘如何？』」

事實是，雖然父母、老師和教練經常想拉叛逆者一把，但這卻是適得其反的策略。一名十五歲的叛逆者解釋說：

我跟母親一起生活了十二年，她總是給我自由的空間，後來我搬去跟保守、充滿限制、處處是規矩的自律者父親同住。跟我父親在一起時，如果我做了他想要的事情，他就會很得意，總說：「如果你能常這樣就好了。」如果他不說這種話，我們的關係就還不錯；但只要他要求我做事，我就會拒絕。他不了解我的性格，總覺得我是偷懶、不尊敬他。

遺憾的是，這位父親不知道直接告訴叛逆者小孩該做什麼並不管用。當然，透過強調可怕的後果，父親還是有可能使小孩做事，但這並非長久之計。

所以該如何是好？在成人身上通用的公式：訊息、後果、選擇。不用嘮叨或糾纏。

要做到很難。讓叛逆者小孩做自己想做的事情，感覺很恐怖——但既然每次戳他們都會得到反效果，還不如讓相信孩子的判斷或許會更有效（風險可能很高）。

一位叛逆者小孩的家長解釋道：「與叛逆者小孩溝通最好的方式就是提供訊息讓他做決定，把事情以問題方式呈現，讓他有機會回答，讓他在不用告知你的情況下做決定或採取行動，讓他在沒有聽眾的情況下做決定。因為有聽眾就意味著有期待。如果他覺得你沒有在看他，他就不用表現叛逆來抵抗你的期待。」

嚴重的叛逆事件？有個孩子打算輟學。我從一個家人口中得知此事，並且決定要順從孩子的叛逆性：

我的妹妹琳恩明顯是個叛逆者。她從幼稚園開始就跟大家格格不入，但絕不是因為不夠聰明。在高中時期，她提過要休學。今年夏天，事情終於要發生了（只剩下一年就畢業）。

在我父母坐下來跟她溝通之前，我告訴母親，考量到琳恩的叛逆傾向以及她會如何找到方法去做她想要做的事情，我建議同意讓她休學。母親不情願地答應了。

幾週過去後，琳恩開始說想在線上完成高中課程，而不休學。今天，她告訴我，她想回學校，校方也提出適合她的課表。

無疑地，是因為我父母讓琳恩自己做決定，才有這個結果。她覺得一切都在自己的掌握中，這像是她的決定（也的確是）。但我忍不住心想，如果當初我父母逼她留在學校，又會發生什麼事情呢？

我也從一位老師口中聽到類似的故事：

我是當地縣級監獄的教師，主要負責高中同等學歷測驗（GED）及高中文憑課程。最近，我有個學生開始堅持以自己的方式行事，跟警衛爭執、不按時完成作業。她說她真的很想拿到高中同等學歷，我相信她——可是她毫無進步跡象。

這不禁讓我想到，她應該是叛逆者。我跟她分享你的理論，這真的幫助了她以另一種全新且正面的方式看待自己。我不再要求她做作業，也讓她決定每天的學習內容：電腦軟體、小組討論、自修，或是什麼都不做。在我提筆寫下這件事的同時，她在最近的五科考試中，五科全部及格過關，順利取得高中同等學歷學位。

叛逆者會做任何他們想做的事情。

由於叛逆者小孩常會拒絕大人的指令，因此大人在說話時，要特別注意措詞，避免有命令的感覺。如果是父母對孩子說：「親愛的，告訴簡阿姨，說你玩得很愉快。」聽起來似乎不像命令，但其實就是命令。叛逆者小孩可能本來想說些有禮貌的話，但就不說了。如果換個方式，開車到簡阿姨家的途中，父母可以說：「雖然去簡阿姨家不太好玩，但是你每次都會記得謝謝她，那樣真的很貼心。」然後讓孩子決定要如何表現。

一位音樂老師告訴我，她如何一步步引導叛逆者學生：

我曾經試圖讓一名叛逆者學生當班上的領導人物，而不是「麻煩人物」。我會請他幫忙做事，例如發講義或幫助坐在旁邊的同學。我知道他想要什麼，知道他喜歡主導事情的感覺……那為什麼他在領導與幫助同學的機會面前不會跳腳呢？我發現，因為他是叛逆者，他拒絕是因為希望關於領導及幫助身邊同學的這一切，是他的決定，不是我的。所以我對全班說：「所有人要同時讓我看到你負責的樂曲部分以及手勢。我要看看誰做得好，我要找出個領導者來。」現在，他有選擇：要努力去做，或是逃開。最後，他盡了全力。所以我問他：「你想當組長嗎？」我不是告訴他，是問他。他點頭。對於能領導整個小組，他興奮的不得了。

如果想要引出叛逆者小孩的動力和興趣，若能指出他是多麼享受活動過程，會有助於孩子選擇繼續保持。「哇，看起來你好像很喜歡寫新聞，看到你的名字印在上面，還有跟同事一起出去，感覺很棒。」、「看到你的名字出現在榮譽榜上真讓人開心。」

父母和老師可以幫忙叛逆者小孩找出達成期待的動機。舉例來說：「這學期取得好成績的學生，明天春天就可以參加去白宮參觀的班遊。」一名叛逆者音樂老師解釋：「要讓叛逆者學生有動機，我特別強調了如果他們表現好就能得到非常棒的機會。被欣賞的機會就是動機……這招還算管用！」

當某件行為是以選擇、自由與自我表現的形式呈現在叛逆者眼前，會比限制與責任來的有效。「如果你想學騎腳踏車就去學，然後可以跟朋友一起快樂玩耍。」而不是說：「如果你不會騎腳踏車，朋友會笑你。」

跟叛逆者打交道，關鍵是要直白指出未能達成期待的下場，並且讓他們自行承擔後果。但這對父母及小孩雙方都是一段痛苦的過程。一位叛逆者解釋說：

我本身是叛逆者，我認為：承擔決策的苦果是讓叛逆者學習的最佳方式。我可以跟你保證，我現在都準時繳帳單，我家裡的一切事物也都井然有序。如果你養的是一個叛逆者小孩，你可能得跟他們一起經歷學習承擔後果的過程。但這件事情越早做，他們就越早知道，什麼事情能做，什麼事情不能做。

此外，**身分定位對叛逆者也是非常有效的動力，可以把事情與小孩重視的定位結合在一起**。一名叛逆者回憶說：

最有效的方式就是讓叛逆者在選擇與定位之間產生共鳴。舉例來說，「準時」這件事情一直是我和母親之間的緊張來源。她會對我一直念、或是不停提醒，甚至是大吼，但通通沒用。最後，有一天她說：「聽著，現在我覺得我已經不敢再信任你或依賴你了。我也覺得你每次都讓我等，你是在告訴我，你的時間比我的時間更重要。如果這就是你想要的——讓人無法信任或讓別人感到不被重視，那好吧。或者，你也可以選擇當一個可以讓人信任、依賴，並且讓他人感覺到受重視的那種人。這是你的選擇。」事情瞬間發生改變。因為她讓我選擇，而我瞬間聽到內心真實的聲音。接下來事情就簡單很多了。

此外，如果可以很享受做某件事，叛逆者也會樂於去做。用在叛逆者小孩身上（當然這對所有小孩都一樣），這會讓事情變得更有趣。「為了讓我兒子刷牙，」一一位父親回憶說：「我們得編一套遊戲。他假裝是獸醫在幫一隻熊清潔牙齒，或是清洗引擎的技師。」叛逆者小孩也享受挑戰：「我敢說你沒辦法在兩分鐘內完成。你有辦法打破自己之前的記錄嗎？」

蘿拉・英格斯・懷德（Laura Ingalls Wilder）的《光輝燦爛的歲月》（*These Happy Golden Years*）是我最喜歡的書之一，裡頭提到一個與叛逆者小孩相處的方法，非常有用。在十六歲時，蘿拉（順帶一提，她是質疑者）在學校教書，她的學生克拉倫斯是個拒絕學習的叛逆者，因為他無法忍受一定要寫作業的規定，即便他非常想學習，也很聰明，但他還是選擇拒絕。

當蘿拉尋求建議時，馬老師說：「最好不要強迫他做任何事，因為你叫不動他。」因此蘿拉改變策略，在她給其他學生指派完作業之後，她告訴克拉倫斯：「這不包括你，克拉倫斯，這會讓你花太久時間學習……你覺得你能學多少？三頁會不會太多？」

如此一來，她做了兩件事。首先，她把選擇權交給克拉倫斯，給他自由的空間；其次，她提出了叛逆者通常會回應的挑戰。她言下之意是克拉倫斯無法完成三頁的學習內容，而其他同學的進度早已超前許多，克拉倫斯心想：『我會證明給她看。』一週內，克拉倫斯迅速趕上同班同學的進度。」

與叛逆者相處上，要記住最重要的一點，是必須讓他們感覺到，他們所做的事情是他們想做的事，不是別人想做的。一位叛逆者寫道：「如果你告訴我去做某件事，我會覺得自己是你的犯人。但如果你告訴我：『這裡有四種選項，你自己決定。』那我應該就會選擇其中之一去完成。」

我也注意到，叛逆者小孩似乎與祖父母有超乎尋常的緊密關係，或許是因為跟祖父母在一起，叛逆者小孩能得到家庭緊密連結的滿足感，而不是一堆期待。

因為叛逆者了解自身傾向的想法，會覺得養育叛逆者小孩比較容易。一位叛逆者母親表示：「我的四歲女兒也是個叛逆者。她喜歡有選擇，做自己的決定。她的決定不只是為了自己，也為了所有人。我完全能瞭解，所以我讓她選擇自己的衣服、幫我挑我的衣服、為了準時上學（幼稚園）而去別人家過夜、早餐吃義大利麵而晚餐吃雞蛋。」當然，這種組合有其挑戰度。一位叛逆者友人嘆口氣告訴我：「當我們在餐廳時，我沒辦法阻止我兒子用吸管把芥茉醬吹到桌子上——因為我也想這麼做。」

跟之前一樣，在認識某種傾向之後，就能更有效地與對方溝通。不管我們覺得有多麼愛對方，如果不知道該如何交流，善意的語言或行為都可能變調。

客戶關係

叛逆傾向會導致健康問題，因為叛逆者抗拒他人告知的事情，許多在自律者、質疑者或盡責者身上可用的策略，在叛逆者身上會變成反效果。這種模式會讓幫助叛逆者維持健康習慣的人很挫折；善意的建議、鼓勵、提醒與勸告都會將叛逆者推往反方向。即便醫療行為也是他們抗拒的一部分。舉例來說，一位叛逆者解釋：

我是一型糖尿病緩者，我有很長一段時間，很難適應讓疾病控制我的感受與行為。我知道我應該要自己照顧好自己，要「控制我的糖尿病」，而不是反過來被糖尿病控制，但我似乎就是做不到。我幾乎不檢查血糖，連施打速效胰島素也是斷斷續續——我不喜歡連吃飯都變成例行公事！我甚至好幾年都沒看過內分泌科醫生，所以我甚至不知道我的糖化血紅蛋白是多少。

叛逆者無法忍受「遵循醫囑」的說法。事實上，如果醫生稱讚叛逆者說：「你做得很好，你完全有照我所說的做。」叛逆者可能就會為了展現個體自由而立即停止一切。

如果能讓叛逆者有所選擇，他們會做得比較好。與其對叛逆者說：「你必須做X這件事。」醫生不如建議他：「當然，一切在你，但X通常比較有效。」、「你有沒有考慮過試試X？」、「你覺得X如何？」、「有些人覺得X對他們比較有效。」或是「你可以考慮一下X、Y或Z。」

叛逆者甚至會抗拒自己加諸在自己身上的規則。一位叛逆者大學生說：「我正在減重奮鬥，但是當我制定好晚餐規則，晚上就會開始越吃越多。或者我說要戒麵包，然後我就會去買一大條可口的發酵麵團。」另一個叛逆者則找出另一種較聰明的方法來處理自我抗拒的情形：「如果我想要吃的健康，我就會先吃一條巧克力或『壞』食物。我告訴自己：『我贏了，我想怎麼做就怎麼做！』接下來一整天，我就覺得我戰勝了限制自己的念頭。」

一如往常，想要幫助叛逆者，最有效的方式是提供訊息、後果與選擇。一名自律者醫生表示：

我是個家庭醫生，而我有個病人對於我所提出來的所有建議都是抗拒到底，哪怕是要幫助他減重及治療前期糖尿病/胰島素抗性。跟她談話的過程中，我腦中浮現「叛逆者」一詞。我換個方式，提出了一串建議，「如果她想做的時候」可以試試，而不是直接說明，雖然這一招對大部分人都很管用。這位患者不久後又回來找我，也採納了其中一項建議。她的體重下降，感覺也更好了。如果我當時採取非常直接的策略，我想結果應該會大不相同。直接一點的方式在自律者、盡責者以及質疑者身上可能都很有效，因為我對於我所提出的建議都會給予詳盡的解釋。但是對叛逆者而言，這招就是不管用。

如果能知道每天的體重或是走路步數，這類訊息對叛逆者比較有幫助。「你會發現知道自己一天的運動量很有趣，也很有幫助」會比說「你每天得走一萬步，所以你最好帶著計步器」來得有效。

選擇權、自由感和愉快的工作對叛逆者會比較有吸引力：這種藥物/飲食/運動模式/日常習慣會讓你感覺更好，讓你更有活力、遠離痛苦、提高興趣、改善表現、提高性生活品質、讓你擁有想要的生活。營養師可以說：「有一位客戶發現戒糖之後，他更有活力，連網球比賽都表現更好了。」與其告訴叛逆者要做什麼，營養師不如提供叛逆者相關訊息，讓他自己決定該怎麼做。一名叛逆者回憶說：

我最喜歡的個人教練一直告訴我：「或許你可以先試試一週，如果不喜歡，就不要再做了。」沒有壓力、沒有罪惡感、沒有實際規則，只要探索自己就好——而且，要持續不斷地對抗主流。我並沒有按表操課。那種三十天的課程聽起來就受到許多限制。如果我選擇這類課程，我就得打破其中一條規矩。

想為協助叛逆者，可以說：「如果我幫你整理好每週的藥丸，這樣你會不會比較輕鬆？」「如果我跟你一起走，你會不會更愉快一些？」

我收到一封電子郵件，是一位太太迫切想讓她的叛逆者丈夫戒菸，她不斷的勸告絲毫不起作用，哪怕是她丈夫一直說他真的想戒菸。對此，我一點都不意外。她問我是否有任何建議。我回信說：

或許你的叛逆者丈夫可以改變對戒菸的思考方式。

叛逆者討厭受困、受到限制。所以讓吸菸變成一種限制：「我被菸癮所限制；沒有香菸我就不知如何是好。」

叛逆者討厭被剝削：「我把錢全送給大型菸草公司的口袋了。」

叛逆者想要表現自己的定位：「我是不抽菸的人。我選擇要成為這種人。這就是我想要的。」

叛逆者重視愉悅感：「如果早上不是咳醒或呼吸困難，感覺會很棒，會更有活力，爬樓梯時也不會氣喘吁吁。」

叛逆者重視自由：「在辦公大樓或機場裡，如果我想抽菸，我得聽別人的話去指定的地方才能抽。」

叛逆者喜歡用自己的方法做事：不必按照標準戒菸流程，他可以發展出屬於自己的一套戒菸方式。

對叛逆者來說，他們一直有一種「我會讓你跌破眼鏡」的個性。「親愛的，我想戒菸肯定很難，這些香菸都成為你的一部分了。我想你應該沒辦法戒掉了吧。或許你也不用再想要戒菸了。」

她寫信告訴我後續進展：「最後一點最有效。我告訴他，我們十八歲的兒子不認為像他年紀這麼大的人有辦法戒菸（沒錯），接著顯然就出現了『我會讓他瞧瞧』的反應。」

叛逆者也喜歡不按照牌理出牌，表現自己很聰明，證明許多伎倆是用來愚弄普通人。一位叛逆者用非常叛逆的方式戒酒：

我有一天突然想通，我喜歡喝酒，但我不想因此變胖，也不喜歡花這麼多酒錢，不想讓自己在派對上出糗，也不喜歡宿醉的感覺。自從我意識到這個世界上關於喝酒與享樂的一切都是謊言——那些身材纖細、面貌姣好的人在電視上不停吃吃喝喝、從來不會生病、缺錢或變胖——要戒酒就更容易了。

叛逆者想要透過行動來展現個人價值，所以將習慣與重要的身分定位結合，有助於叛逆者改變。

職業選擇

我要再說一遍：叛逆者會做任何他們想做的事情。了解這一點，就不難知道叛逆者為何經常要找一分工作彈性的職業，依個人進度行事，避免需要回應他人期待。我聽過許多叛逆者是如何努力讓每天的生活都多采多姿，不用活在他人的期待中。「我有超級彈性的工作時間。我以前都是在辦公室工作，我真的很討厭那樣。

現在，我身為餐廳的項目經理及人事主任，我可以在家工作，不定期去餐廳走動。我每天都有自己的行程，而且天天都不一樣。」「我是個約聘電腦技師，很容易就覺得工作無聊，也就經常換老闆。所幸大部分的時間都還是有工作機會。」「我是有執照的稅務會計師。也經常要面對工作期限或無意義的規矩！但是，因為我是自己的老闆，我可以決定自己的工作生活與客戶類型。」

叛逆者通常會自行創業，因為不想回應他人，除了他們自己——但是，當然，叛逆者其實也不喜歡回應自己。我曾在一場科技會議上遇過一位叛逆者。他說：「我必須為自己工作，因為我想要每天早上起來，只做我想做的事情。」

「但是，」我強調：「你已經有自己的事業，肯定有一些你不想做卻非做不可的事情。」

「這真的是個大麻煩，」他洩氣地承認：「如果不是萬不得已，我是不會逼自己去做。這對我的事業確實有不好的影響。」

一位成功的叛逆者企業家告訴我：「靠自己單打獨鬥的叛逆者通常不會太有效率。我們都不喜歡瑣碎的管理細節、截止期限之類的事情。所以我跟我太太一起創立了三間公司。她是自律者，平衡了我叛逆的那一面，我們在一起是絕佳組合。」

叛逆者處在挑戰中、並且能照自己的方法行事時，通常會表現得很好。或許這正是為什麼許多叛逆者常深受推銷一行所吸引——因為在銷售行為中，實際結果往往才是最重要的。一位叛逆者的妻子觀察發現：「我丈夫經常與他老闆發生衝突，但同時他也是最棒的銷售員。『因為』他會忽視老闆所制定、會造成損失的規則。」

同樣的，在創意產業中，結果才是最重要的。我妹妹伊麗莎白是電視編劇兼製作人，她觀察發現：「在好萊塢，只要能做出好東西，叛逆者可以不甩規則。此外，特別是導演這一行，他們都是以自己的方式做事，不在乎別人怎麼想，並且常能以創意的方式帶出好的成果，哪怕過程會讓周圍的人感到不舒服。」

我與某企業的律師（這份工作聽起來似乎不太適合叛逆者）聊天，她同時也是一位叛逆者。「你怎麼辦到的？」我問。

「我愛死這份工作了，」她說：「我是在危機中加入這間公司，當時大家都願意冒險。如果事情發展不順，我就開始分析問題、修正錯誤，然後接著做。一旦事情穩定上軌道、規矩也訂好了，我就開始有窒息感。」

就如同先前提及的，叛逆者也可能深受高度規矩限制的工作環境所吸引，例如警察、軍隊與神職人員。

與叛逆者相處

- 他們抗拒外界與內心期待。
- 他們非常重視自由、選擇、身分定位與自我表達。
- 如果有人要求或告訴他們去做某事，他們通常會拒絕。
- 他們對挑戰的回應方式：「我會讓你知道。」、「你看著。」、「你不能逼我。」、「你又不是我老闆。」
- 他們會因為愛、使命感與信仰而行動。
- 他們不擅長告訴別人要做什麼——即便是某件他們想做的事情。
- 他們會用自己的方式、自己的進度來迎接挑戰。
- 他們對於監督、建議或指引通常都不會有太好的反應。
- 他們通常善於把事情交給別人去做。
- 如果他們處在一段長期關係中，夥伴很有可能是盡責者。

第六部

四種傾向的應用

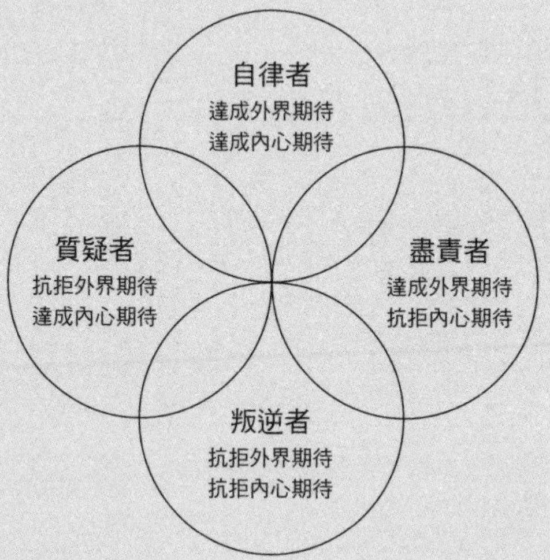
自律者
達成外界期待
達成內心期待
質疑者
抗拒外界期待
達成內心期待
盡責者
達成外界期待
抗拒內心期待
叛逆者
抗拒外界期待
抗拒內心期待

第11章 四種傾向的組合

即便了解各種傾向，其實也無法保證任何關係。不過，當不同傾向的人們配對組合在一起——無論是愛侶、親子、同事，或是任何形式的配對——都會出現特定模式。

當我們第一次遇見某個人，往往會被對方的某些特質所吸引，而隨著時間過去，曾經吸引人的特質也可能令人抓狂。自律者一開始可能被叛逆者拒絕按照規矩行事的風格所吸引，而叛逆者可能也為自律者的一絲不苟所著迷，但走入婚姻五年之後，這些特質就不再像一開始如此吸引人了。

當然，最重要的不是這個，而是認識四種傾向能提供我們一種有用的方式，重新看待與他人的關係。

自律者vs.自律者

我還真的很少聽到自律者跟自律者發展出浪漫關係，這或許意味著自律者與同類型的人配對效果並不是太好，也或許只是單純反映出自律者類型的人真的很少。

如果有機會，我很樂於跟自律者共事：我可以放心信賴他們會完成任務，不需要任何的嘮叨提醒，而當我要求太多，他們也會坦白告訴我。

然而，我不確定自己是否會想和自律者結婚。時時要達成期待的生活太過緊張，就算兩個自律者相處的來，也可能造成其他人的緊繃。一位自律者來信說：

我和我丈夫都是自律者。我十三歲的女兒說過：「媽媽，我從來沒有見過像妳和爸爸這樣的父母。」我把這當成是讚美。我們兩人都高度重視品格與紀律。我是健康教練，我丈夫是教練兼網球經理。在客戶與學生面前，我們表現出熱情與關愛，但「在這一切背後」，我們也會批評對方，兩人都會因為對方沒有完成答應的事情而不滿。

兩個自律者在一起，應該可以完成很多事，但同樣也有缺點。有一次，我們全家跟另一個家庭一同出遊，對方家庭中的自律者丈夫／父親和我決定要帶兩家的小孩一起搭船穿越柏林。沿著河岸，我們看到許多遊船的上船點，導遊指著一處說：「下一班船會從那個站臺開出。」沒多久，我們兩個自律者就站在空蕩蕩的站臺上，看著許多旅客從幾碼外的另一座站臺紛紛上船。

「他說下一班船是從這裡開的。」我朋友說這句話的同時，旁邊的船也開走了。

「我知道！」我回答：「對吧？」我們不得不嘲笑自己——明知道自己所處的站臺空無一人，而另一邊的站臺排滿等待上船的旅客，我們卻堅守著「專家」所告知的訊息。我心想，如果傑米在，我們早就離開此地、往旁邊站臺移動了。有質疑者在身邊還是有好處的。

自律者 vs. 質疑者

自律者經常與質疑者配對，這也恰好形容了我的婚姻，而且我認為這是對雙方都非常有利的組合。自律者有時將達成期待視為太過理所當然，因此質疑者的存在能幫助他們質疑或拒絕某些連想都沒想就答應的要求。從質疑者的角度來看，自律者是非常好相處的配偶，因為他們總能達成期待。

我妹妹指出，身為自律者，我生命中有兩個最具影響力的質疑者：我丈夫與我的經紀人克里斯緹·弗萊徹。他們的問題讓我在家裡和在工作上免做許多我不需要做的事情。

舉例來說，在出版《烏托邦的日常：習慣改變了，生活就輕鬆了》平裝版前夕，有人拜託我寫雜誌專欄，對方建議：針對四種傾向各寫一則第一人稱的故事，開頭簡單解釋每種傾向的特質，然後針對各傾向在養成習慣上提出建議，大約一千字左右。免費。

寫這篇文章要花很多心力，我反覆讀著這段描述時，心都涼了。然後我想逃跑。我寫信給克里斯緹，問：「我該寫嗎？」她立刻回信說：「不用吧。」。

身為自律者的我嫁給質疑者傑米，他讓我學會要多對自己提問。（事實上，或許傑米會希望我能少學一點質疑者的風格；畢竟如果另一半可以直接滿足對方要求、不要多問，那該有多好。）在此同時，身為自律者的我，對於他在沒有得到滿意答案之前都不採取行動，有時也不免讓我失去耐心，更別提質疑者經常不願意回答他人問題。

不過，自律者與質疑者的另一半能達成個人的內心期待，也算讓人鬆一口氣。

自律者父母會被質疑者孩子的問題惹毛，因為他們認為孩子做就對了。一位自律者父親寫道：

有時候，教育我的質疑者小孩實在讓人很挫折，我很難理解孩子為何就不能自己把該做的事做好。當然，所有的小孩都免不了讓人有無力感。但在我心裡，像是穿鞋、寫字、洗澡都是小孩應該知道要做的事情。但家裡如果出了一個質疑者小孩，每件事情都免不了要討價還價一番。

自律者 vs. 盡責者

如同所有傾向，自律者與盡責者也是很好的搭配組合。盡責者與自律者同樣都渴望滿足外界期待（不像質疑者與叛逆者），因此會尊重並配合對方的想法。

自律者通常很滿意盡責者（大部分）可以滿足外界期待的表現，但對盡責者無法達成個人內心期待卻很無力。

此外，盡責者若因期待而倍感壓力，自律者對此絲毫不會同情。舉例來說，如果盡責者員工告訴自律者上司：「為了把報告交給你，我已經連續五個晚上都熬夜到凌晨三點，我真的好累。」自律者不會說出盡責者預期聽到的感謝，反而可能會說：「你必須學習管理工作進度，才不用卯起來加班。如果想好好表現，你需要充足的睡眠。」

站在盡責者的角度來看，他們欣賞自律者達成外界期待的表現。然而，自律者的期待也可能讓盡責者無法招架，甚至感覺受到自律者的批判；當然，自律者也無法理解，為何盡責者難以達成內心期待。

盡責者有時會覺得自律者冷血或自私，因為當內心期待與外界期待有所衝突時，自律者會選擇前者。一位盡責者（聽起來就是中了盡責者反抗的魔咒）表示：

在我九年的婚姻裡，我的自律者丈夫完成了醫學院學業、通過住院醫師考試，現在是一名正式醫師。他是非常勤奮的學生，他通過考試時我也很激動。我心想，我終於可以完完全全擁有他了。讓人失望的是，我終於意識到，無論如何他都有重要目標或計畫要完成，而因為我是盡責者，我覺得自己已經內化成他實現目標的一部分，這意味著平常男人該做的事情，全部落到我身上，如此他才能專注於學習等事情。

但現在，我不認為他的目標對我們的家庭有利，我也很討厭他總是要做些「額外」的事情，然後為了在我看來根本不重要的事情，不斷改變時間與行程。我們有三個小孩，我承認，他幫了不少忙，但他總是匆匆忙忙做完孩子的事情，然後趕忙繼續做自己的事。他都很早起床工作（清晨五點），通常也會吵醒我。我晚上總要被小孩吵醒好多次，多年來總是寢不成眠，大清早還得被他吵醒，我真的很火大。

他表現的好像有許多事情要忙，但我打從心底不這麼想，因為這些事情不是外界的期待。如果事情與我無關，我希望他能把基本該做的事情做好就行，不要增加無謂的目標，因為這些事情最終也不免成為我的負擔。如果我表現出對他的事情不感興趣，我可能也不會幫忙，因為這一切只有他自己覺得很重要罷了。

雙方的觀點我都可以接受。我必須說，身為自律者，這位盡責者的感嘆讓我有新的想法，了解為何盡責者會對自律者感到不耐煩。

當自律者拒絕提供問責感時，盡責者可能會感到很沮喪。

當盡責者說「我做這些是因為你要我做」或「我是為了你才這麼」，這會讓自律者感到不自在。他們希望他人有自己做事的理由——這是一個不小的要求。

認識傾向有助於減少衝突。一位自律者表示：「知道我的另一半是盡責者，這大大改善了我們的關係，現在我知道，如果他沒有徹底完成某事，不是因為他不在意或沒紀律，只是需要外部問責的力量罷了。」

自律者 VS. 叛逆者

一般來說，自律者與叛逆者很難湊成一對，因為雙方看事情的角度及能適應的環境大不相同。打破規則會讓自律者感到不安，但叛逆者對此卻為此感到刺激。隨著時間過去，這會導致許多問題。正如一位讀者寫道：「我是嫁給叛逆者的自律者。他沒辦法在上司底下工作、討厭上教堂，而且工作時大部分時間都很不快樂。他只挑家裡附近想做的工作去做。我自己去找諮商師談話，但他打死不去。我真的很愛他。他是我的白馬王子，陪我經歷了非常艱難的癌症治療（這一點都不像叛逆者！）。」

此外，自律者喜歡制定行程、計畫及任務，討厭改變計畫或無法完成任務；而叛逆者會抗拒做出任何形式的承諾。自律者在日曆上列出越多的待辦事項，叛逆者就越想要忽視一切。

手。

如果自律者—叛逆者是親子關係，無論誰是自律者、誰是叛逆者，事情都很棘手。

一位叛逆者友人有個年輕的自律者兒子。我問：「如果你兒子的學校規定『星期五要穿襯衫』，妳會做何反應？」

她思考片刻後，說：「如果這對小孩很重要，我就會買給他。但我絕對不會規定他要穿哪件衣服。」（她是一位注重愛與理解的叛逆型家長。）

如同之前提過，究竟自律者與叛逆者是否能成功配對，取決於雙方的性格特質。舉例來說，在婚姻中，如果自律者的另一半是位重感情且十分給力的叛逆者，這或許就是一對不錯的組合。

還有，如果自律者與叛逆者都不會在對方身上加諸過多期待，在相處上應該也就沒問題。一名叛逆者表示：「我的自律者室友總是覺得很不可思議，因為我每天起床時間都不一樣；我也沒想到，她對自己嚴格到能認出地鐵裡的人！」雖然他們對對方的行為都感到不可思議，但不會影響對方生活，因此兩人的友誼也沒有受到傷害。

事實上，沒有哪種傾向的組合是注定完蛋的。只要在適當的情況下，加上適合的性格組合，任何傾向的配對都沒問題。如同某位自律者所說：

我伴侶的叛逆者傾向有助於平衡、緩衝我的自律者性格。我喜歡當個自律者，但這也是我的缺點，尤其是我意識到自己是同志，心裡有點難接受。出櫃同時代表著我會讓自己與家人感到失望，這是自律者所無法忍受的。

相較之下，我的伴侶從年輕時就不當出櫃是個問題，因為她樂於反抗體制。因此，叛逆者傾向保護她免於在自我認識的過程中受到影響扭曲。她的自信一直是我最欣賞的特點。

她自發性的叛逆有時讓人無語，但也讓我感到開心，並且意識到自己是「為自律而自律」。舉例來說，我不想取消計畫，但如果我不舒服，或是那週壓力很大，她就會樂著看我最終不得不妥協、取消原定計畫，也平衡了我無法達成自己給自己的期待壓力。儘管她有叛逆者傾向，她還是想讓我開心，也因此遷就我在兩人日常生活中無止盡的計畫、行程及大小安排（她也在其中注入了不少幽默感）。

另一位叛逆者認為自律者和叛逆者是絕佳組合，她解釋說：「我欣賞我那自律者丈夫在追求目標上全心投入、努力不懈的精神。他也重視我的獨立性與不服從的思維。我們兩人屬於兩種非常「極端」的傾向，也不了解盡責者或質疑者是怎麼一回事。對我們而言，那兩種傾向似乎充滿了不協調與模糊地帶。」

自律者與叛逆者可以從彼此身上學到許多事情。我曾經寫過，「紀律帶來自由」是我身為自律者的座右銘，而有一位貼心的叛逆者回應說：「葛瑞琴，對我們叛逆者而言，座右銘正好反過來。畢竟在許多人眼中，自律者與叛逆者是站在對立面。所以，既然你認為『紀律帶來自由』，則叛逆者認為『自由就是紀律。』」

質疑者 VS. 質疑者

對某些人而言，兩個質疑者的組合也不錯，彼此都能理解與欣賞對方提出問題、知道得到答案的重要性。一位質疑者解釋說：

我和我丈夫都是質疑者，但方法有所不同。他會用好幾個小時來研究該買什麼款式的露營帳棚，但我絕不會這麼做（我買東西做決定都很快），但就算我不會這麼做，知道他有做過研究還是讓我挺滿意的。

我也觀察到，我們跟其他夫婦有何不同，因為我們向對方提出問題時，不會覺得受到威脅或批評，我們知道要從不同角度來看待事情，在我們看來，這是助力而不是阻力。當我對他的決策、購物與計畫提出疑問，我知道他不會覺得受到批評，這讓我很輕鬆。他懂，而且對此心懷感謝。

另一方面，兩個質疑者的組合有時也會導致難以做決定。一位質疑者友人發現：「因為我們兩人都是質疑者，很容易就被困在原地了。」

「比如說？」

「在整修房子時，我們需要換新的洗碗機，但每次準備要換，結果就是兩人一直站在院子裡，思考是否要蓋二樓。每個問題似乎都會帶出更多的問題。」

「那你們最後怎麼做出決定？」

「兩年來，我們家擺著一臺不能用的洗碗機，只因為我們無法決定該怎麼辦。最後我決定，任何一臺能用的洗碗機都好過一臺不能用的。我說：『下個月家裡有客人來，在那之前一定要裝好新的洗碗機。』我們對解決問題的時間點都挺滿意的。」

質疑者的親子組合也不錯。父母對孩子抗拒完成隨意或不公平的事情有同理心，也更願意提出解釋，而質疑者孩子會尊重父母周全的決定。

然而，質疑者不喜歡被質疑也可能導致另一方的沮喪。質疑者家長說：「我今晚煮什麼，大家就吃什麼。」或是質疑者小孩會說：「我在做科學報告，我不想談這件事。」這些話的背後都有解釋的空間，畢竟開口的人是質疑者，但他們就是不想被質疑。

質疑者 vs. 盡責者

盡責者與質疑者是好搭擋，但也有發生衝突的潛在可能。一位盡責者舉出一件小而有力的事例：「我會走斑馬線，我遵守交通號誌，但我的質疑者丈夫認為斑馬線跟紅綠燈都不重要，他愛怎麼走就怎麼走。」

質疑者不斷需要原因、資訊與合理性也容易激怒盡責者。一位盡責者回憶說：我有一個質疑者老闆，他總是有要不完的訊息，非得到最後一刻才能做決定。我身為盡責者，幫她做財務模型與預測，我花了無數個小時，以不同的些微差異做出許多新模型，但得到的答案幾乎與原本的模型一模一樣。

盡責者最好要記住，唯有在質疑者得到滿意的答案，他們才有配合度可言。一位盡責者表示：「現在我總算知道，為什麼我每次拜託我那質疑者丈夫做事之前，先把事情解釋清楚很重要。我一直以為，只要是該做的事情，他就應該去做，但其實他需要一個理由。我們之前常為一件事情『討論』好幾個小時，早知道我先解釋清楚就能省去這些麻煩了。」

盡責者家長很容易對質疑者小孩沒耐心，因為問題有時很累人或很放肆。一位盡責者告訴我：

身為盡責者，我認為只要是家長、老師或教練說要做的事情，你去做就是了——哪來那麼多問題。但我的質疑者女兒如果沒有得到滿意答案，她說什麼都不做。我知道她不是要表現自作聰明或故意不合作，但我擔心其他大人不會對她如此有耐心。

當質疑者看到盡責者無法達成內心期待時，他們會有不屑或尖銳的表現，因為質疑者從來就不會有無法達成內心期待的困擾，對盡責者的為難也就無法理解。同樣的，當盡責者抱怨他們「必須」要做的事情時，質疑者也不會有同理心，因為他們認為：「如果你不想做，那就不要做。」或是「如果你不想做，為什麼要答應？」

質疑者 VS. 叛逆者

質疑者與叛逆者有相似性，這兩種傾向無論是為自己立下規則或拒絕外界期待，或多或少都需要理由。一位叛逆者寫道：「我跟質疑者向來相處得很好，他們就是『我不在意別人說我們應該做什麼，只要我覺得沒意義，我就不做。你呢？』而我是覺得『噢，我也不太想做。』」

對自律者與盡責者而言，這種態度是自行忽視適用於所有人的期待；但質疑者與叛逆者則是對眾人的循規蹈矩感到不可思議。

然而，質疑者對叛逆者的自動限制與拒絕做公平、有效或合理的事情會感到不耐煩；叛逆者則對質疑者對訊息或合理性的堅持不為所動。我聽過一位讀者說：

我是個質疑者，而公司裡有一個叛逆者，每次大家已經決定好要怎麼做，他都還是堅持照自己的方式行事。他把時間浪費在無法增加價值的事情上。我愛我的工作，因為我的工作就是要質疑為何如此行事，並且依照數據與研究結果得出答案。但是我回到家都不免有挫敗感，因為那個人總是忽視數據與研究資料，滿腦子都是他想怎麼做。他總是不遵守工作期限讓我感到很挫敗，而我的問題也始終沒有得到答案。

質疑者與叛逆者的搭擋組合有利有弊：

當我們做出違背主流的瘋狂決定時，我們真的能理解對方想法，因為我已經先做過研究，而且覺得不錯，他也樂的做些出乎眾人意料的事情。另一方面，我們對選車之類的決定總是猶豫不決。我會陷在無止盡的查詢資料之中，而他會害怕跟同一輛者「綁」在一起。我們都認為外界期待毫無意義。

盡責者 vs. 盡責者

我認識最一對最幸福的夫妻就是盡責者的組合。兩位盡責者在一起，相處可以很和諧，但也可能什麼事情都做不了，一切視情況而定。一位盡責者解釋說：「我們想要吃得健康，但是當其中一方說『想吃披薩嗎？』另一方就會說：『好啊！』結果有好長一段時間，我們很難督促彼此養成健康習慣，例如運動。要做計畫很容易，但就是無法實現。」

在盡責者與盡責者的組合中，建立外部問責機制才是關鍵，而且是要由第三方來建立機制。一對想要把控財務預算的盡責者夫婦可能無法幫助彼此，但若能定期與財務顧問談話，或許就能創造問責感。

盡責者與盡責者之間也有不錯的親子關係。家長覺得對孩子有問責感，孩子也覺得對父母有責任，雙方進而都能完成許多事情。一位盡責者表示：

我每天早上都需要有動力才能起床，而我母親也想要早起，因此我提議兩人當彼此的讀經夥伴。我早上七點叫她起床，很快做好準備，然後會一起讀聖經並進行討論，最後為對方禱告。這是最佳辦法，我們兩人因此早起，還養成每天查經的習慣，這是我一直想做的事。此外，我們也很開心每天都有一段共處的時光。

盡責者 VS. 叛逆者

這組驚人的組合在第十章中曾討論過。

某些盡責者與叛逆者的組合不免讓對方感到沮喪。舉例來說，許多盡責者的成年子女都說過，有個叛逆者家長真的很頭痛。

一位友人說：「我媽媽很疼孫子，但如果我拜託她照顧小孩，她會要我們把孩子在她指定的時間送去她家，每件事情都必須照她的方法進行。而她也因此錯過了許多機會。我和我先生經常無法考慮到她，因為我們認為：『好吧，我們想要準時到達，或是以特定方法做事，但反正不管怎樣，她都無法配合。』」

另一位盡責者寫信告訴我：「我有一次告訴我父親，某件事情要在六點開始，最後卻拖到七點，就因為他慣性遲到。他說是我太有控制欲。好吧，他說了算。」

究竟是控制欲還是考慮實際情況？差別只有一線之隔。

叛逆者 VS. 叛逆者

叛逆者通常跟叛逆者處不來。一位盡責者觀察發現：「我的先生和女兒是叛逆者，好笑的是，他們討厭對方身上的叛逆特質，總是很尖銳的批評對方——說對方懶惰，指出對方的錯誤，老是吵個不停。」

一位讀者寫信告訴我：

我認識一對叛逆者組合的夫妻，這對組合能走下去有兩個原因：第一，丈夫在事業上賺了不少錢，這是讓他深深著迷的事情，而妻子則待在家裡，小孩上學後，她就可以做自己想做的事情；第二，兩人都有強烈的個人定位，希望自己成為更好的父母與家人。

這對罕見的叛逆者組合引起我的好奇，我寫信問對方：「他們如何做決定？比如說，度假的時間與地點？」即便是叛逆者想做的事情，一旦別人要求他們在特定時間做特定的事情，叛逆者通常都會拒絕。

對方回信說：

我超喜歡聽他們的旅行計畫故事。通常是太太選擇想去哪裡，然後丈夫決定要不要跟。到目前為止，他很少不去，但太太也不會要求他一定要跟。如果丈夫要求太太規畫假期，太太肯定會拒絕。因此，他們對活動的計畫方式是：如果一方非常在意的事情，另一方可以自行選擇出席與否。但是在照顧小孩的責任上，兩人盡可能公平輪流，因為雙方都知道，讓他們去做別人眼中「應該」要做的事情會很痛苦。如果不是他們能把事情交給別人去做，我想他們的關係很難發展如此順利。

根據另一對叛逆者組合的描述：

我稱自己是「自由的叛逆者」（叛逆者／盡責者）。我需要有自主權、空間、自由、彈性、經常移動、改變看法，而且不能被綁太緊。打從計畫在我腦中浮現的那一刻，我就想著要改變計畫。我丈夫就不一樣，但他也是個叛逆者。我說他是「標準的叛逆者」（叛逆者／質疑者）。他想要有原創性、用自己的方式做事、忠於自己、解釋清楚自己的行為與方法。

坦白說，我們生活在一起的時間不多。我在異地工作，聚少離多。我們有兩間房屋。每次只要在一起幾天，我就開始覺得很煩。我們都不認為有必要把心思、時間、精力或金錢投入在整理家裡，因此花在處理家務的心力非常少。

這兩位叛逆者之所以能成功經營婚姻關係，是因為他們創造了適合自己的生活模式，而不是跟著傳統標準走。

許多人都告訴過我：「我是個有叛逆型小孩的叛逆者，我真不知道非叛逆者該如何帶叛逆型的小孩。」不過有位叛逆者母親告訴我：「我向來不會檢查我女兒的事情，也不會提醒她要做功課，以前我會覺得很愧疚，但現在我知道她跟我一樣都是叛逆者，我想還是別太管她比較好。」

雖然有些傾向組合在相處上較為和諧，但許多時候還是要視情況而定。但是當衝突發生時，無論是在家裡或公司，有一種方法可以消弭許多衝突：**在可能的情況下，讓他人以適合自己的方式做事**。

聽起來似乎很顯白，但是很多時候，即便知道讓他人以自己的方式行事會比較好，我們的傾向、人性卻還是會不自覺想去操控他人。

舉例來說，身為自律者，我一直想要遵守規則，盡快完成任務；傑米是質疑者，他總想著該如何以最有效率的方式完事。怎麼解決？我用自己的方式處理我的事，他用他的方式做他的事，彼此互不干涉。

我們可能以為自己知道「最好」的方法或是別人「應該」怎麼做，但無論是在家裡或在公司，我們應該讓他人用適合自己的方法做事，能完成事情最重要。唯有理解與尊重他人不同的做法，人與人之間才能和諧相處。

第12章

與各種傾向有效溝通

無論是在工作、在家裡，或是在社會上，我們時刻都要說服或影響他人去做我們想要的事情（哪怕是希望他人別煩我們）。若考慮到自身傾向，就能為自己創造出最適合的環境、傳遞最管用的訊息；若能考慮他人傾向，亦能為他人創造出最適合的環境、傳遞最有效的訊息。

人們很容易陷入盲點，認為能說服自己的方式，也能在他人身上發揮同樣效果。大人的祕密之一：我們經常比預期中更像他人，也比預期的不像他人——偏偏我們很難記住這一點。

簡而言之，如果想影響他人遵循某種方法，請記得：

- 自律者需要知道該做什麼。
- 質疑者需要知道理由。

• 盡責者需要問責感。
• 叛逆者需要能以自己方式行事的自由。

同樣的，若能針對特定傾向的價值而提出意見，聽起來會更具說服力：
• 自律者重視自我控制與表現。
• 質疑者重視目的與合理性。
• 盡責者重視團隊合作與責任感。
• 叛逆者重視自由與自我定位。

找到適合自己的改變方式

由於每種傾向看待世界的方式大不相同，對於如何影響自己與他人並沒有魔法可用，也沒有以一應全的解決之道。我固定運動是因為這件事在我的計畫清單之上；質疑者需要知道維持健康的好處；盡責者每週騎單車是因為找到運動夥伴；叛逆者只有在適合的時間、想要出門時才會去跑步。

關於我的質疑者父親如何成功戒菸，他說：「以前我和你母親沒什麼錢，而我也算過，如果不買菸能省下多少錢。然後我想，若把省下的錢用來投資，我又能賺多少錢。」他解析數字背後的影響，並且專注在戒菸的經濟利益。相較之下，我有位盡責者友人之所以成功戒菸，完全是考慮到對寶寶的責任：「現在我有孩子了，我不能蠢到拿他的健康來冒險，而且我想當個好榜樣。」而叛逆者會告訴自己：「我拒絕被尼古丁控制。」

幫助他人

認識四種傾向有助於判斷該如何幫助他人、扮演他人所需的角色。舉例來說，對糖尿病患者而言，最重要的莫過於定時服藥、養成正確的飲食習慣、定期運動及就醫。我妹妹伊麗莎白是一型糖尿病患者，她告訴我：「我的糖尿病醫生說有些人後來都不找他看病，是因為他『太仁慈了。』」

「『太仁慈』是什麼意思？」我問。

「如果患者沒有盡到本分，他也不會怎樣。」

「我敢打賭，這些一定是需要問責感的盡責者！」我說：「對你而言，定期看醫生就已經有足夠的問責感，但對某些盡責者來說，他們更需要的是知道後果。他們換醫生是為了得到更多的問責感。」如果她的醫生懂得善用四種傾向的特質，在醫病關係中便能提供患者所需的問責感。

部分醫護人員已經將四種傾向應用在工作之上：

我是將教科書奉為圭臬的自律者，在梅奧醫院（Mayo Clinic）擔任門診臨床營養師。我一直不懂為何許多患者無法改變飲食習慣，明明都知道，只要改變飲食習慣，就能大大改善疾病管理與健康情形，但他們就是改不了。認識四種傾向顛覆了我的想法，也徹底改變了我對患者的照護品質。

某位生理學家也有類似的看法：

我從事心臟康復的工作，主要是鼓勵患者改善健康習慣。現在我可以清楚知道不同傾向的人在想什麼。

自律者：「這是應該要做的事情。我知道了。」

質疑者：「為什麼我要這麼做？給我證據，我需要理由。」

盡責者：「我會讓你知道我能做多好。」

叛逆者：「別告訴我該怎麼吃或怎麼運動。」

一位讀者很挫折地表示：「我很喜歡我的治療師，但我也告訴過她很多次，我需要更強烈的外部問責感，但她似乎沒聽進去，總認為我應該要『自發』及『為自己而做』。當然，這種方式一輩子對我都不管用，我只想要一套可行的方法。」

這類的話我已經聽過太多，我必須說，我不懂為何人們會覺得需要外部問責力量有問題——甚至感到可恥。我認為，只要知道什麼適合自己的，做就對了！

人們有時想要改變自己或他人的習慣，而當我們試圖幫助別人改變習慣時，最糟糕、最常犯的錯誤之一，就是說「你應該要……」。

「如果良好的健康對你很重要，你應該要自己去運動。」

「如果你認真看待這分工作，你應該要按照我所說的進度完成。」

「如果你想要做好銷售工作，你應該要懂得改變規則。」

「如果你尊重我，你應該要照我說的去做，不要有意見。」

「如果你尊重自己，你應該要為自己保留寫作時間。」

但我們認為他人（或自己）「應該要」怎麼做並不是重點，重要的是對不同人要用不同的方法。若想幫助他人改變習慣或行為，應該先幫助他們取得有助於成功的條件，無論是清楚解釋原因，或是提供更多選擇、訊息或外部問責力量。

一位讀者寫道：「我是盡責者，而我丈夫是質疑者。在我告訴他你提出的傾向架構後，他終於理解為什麼我要求他要每天問我是否吃得健康（外部問責）。在那之前，他覺得這是非常詭異的要求，因為如果我想要有健康的飲食，順從心意就好了，這很難嗎？」

認識四種傾向之後，我們可以為每個人設定適合的情況。例如管理一個包含各種傾向的工作團隊，在會議上，當經理準備宣布採用新的處理系統，他可以先做簡報，說：「如果你覺得已經聽夠了為什麼要換新系統，你可以自由回到自己的座位上。如果你還想瞭解更多，歡迎留下來，我會回答所有問題。」如此一來，經理可以省下不少時間，不用在不需要進一步解釋的人身上浪費時間（大多是盡責者與自律者），把力氣留給需要更多訊息才能做出改變的人（大部分應該是質疑者），而叛逆者要走要留全看心情。

如果想將訊息傳遞給班上的每位學生，教授在解釋課堂所有要求的目的時，可以說：「在過去幾年來，學生發現寫文章摘要有助於吸收訊息，再加上這些摘要是準備考試的重要資料。」在學期中，教授可以要求學生每個月透過電子郵件報告寫作進度，可以提供三種選項讓學生選，而不是只有單一選擇。若能考慮到四種傾向的學生所需，更能幫助學生順利學習。

當然，也有一些常見的錯誤。當我們試圖說服他人時，自律者與質疑者經常強調釐清內心期待的重要性。「你必須決定你自己想要什麼」、「你得弄清楚自己的想法」、「排出事情的優先順序，到底什麼才是對的」——只有對其他的自律者或質疑者而言，這是好建議。盡責者常說「這會造成別人不方便」、「你得做這件是，這是工作的一部分」、「不應該指望他人會做這件事」——只有對其他的盡責者而言，這是很棒的論點。

一位教師寫道：

我認為所有厲害的老師都會善用學生的傾向，甚至可能在沒意識到的情況下使用。舉個例子：我的學生只有四、五歲，在學校都需要午休，但有些孩子需要休息卻不肯乖乖安靜下來。於是我對不同學生有不同說法：

自律者：「我們今天活動很多，大家也做了許多事情，等會兒醒來之後，我們還有一個遊戲要玩。我希望你們先好好休息做準備。」

質疑者：「你覺得為什麼每天都要睡午覺？為什麼睡午覺很重要？」他們會說出想法，然後我接著說：「沒錯！所以你覺得你應該要休息嗎？」（他們會說好，因為聽起來很合理。）

盡責者：「如果你跟昨天一樣好好睡午覺，我會很高興。我知道你可以的，而且醒來之後，會覺得很舒服。」

叛逆者：「你不用午睡，但請你為同學保持安靜幾分鐘，可以嗎？如果你不累，可以自己看書。」（他們認為午睡與否是自己的決定，而最終都會選擇睡覺。）

若能反思四種傾向的影響力，就不難知道為何有時會跟他人處不來。我們往往把自己的傾向套用在他人身上。舉例來說，自律者可能會一直提醒團隊成員：「如果你決心要做，你就會做到！」質疑者可能會不斷把生產力的相關研究發給盡責者同事；盡責者可能會幫叛逆者報名每週運動課程；叛逆者可能會一直叫自律者不要那麼緊張。雖然都是出於善意，但是錯誤的溝通方式會導致雙方的無所適從。

在某些情況下，建立在傾向之上的錯誤溝通方式也會造成危險。如果警察說：

「下車！」質疑者或叛逆者可能會說：「為什麼？」、「誰給你權力要求我這麼做？」、「你說下就下，我不幹。」、「你無權命令我。」警察下的命令越多，叛逆者或質疑者的抗拒感越強。然後，情況就會一發不可收拾。

我很喜歡觀察是否能成功影響四種傾向族群的標語。如何組織訊息會影響到四種傾向族群是選擇配合或抗拒。

如果要設計出適用於四種傾向族群的標語，應該要提供訊息、後果與選擇。當然，這一招對叛逆者尤其管用；而當質疑者有足夠的訊息與合理性、盡責者知道後果，表現往往會更好；自律者向來都遵守規則。

有一次，我拜訪某間公司時，在女廁門上看到這張矯枉過正的告示，我忍不住拍下來。如果想讓四種傾向的人都接受，這張告示內容還有待加強。

這張標語明顯是出自盡責者之手。對盡責者而言，「就算不為自己，也請為他人保持乾淨的如廁環境」就是盡責者的目標。如果想說服叛逆者，反過來說可能會比較有效：「就算不為別人，也請為自己保持乾淨的如廁環境。」而一連串要求「請」或「請不要」的語氣可能會促使叛逆者、質疑者，甚至像我一樣的自律者產生抗拒感。

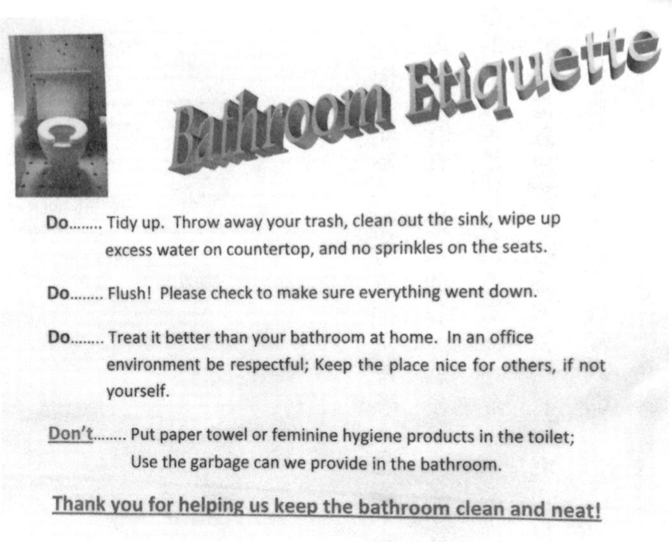

Bathroom Etiquette

Do........ Tidy up. Throw away your trash, clean out the sink, wipe up excess water on countertop, and no sprinkles on the seats.

Do........ Flush! Please check to make sure everything went down.

Do........ Treat it better than your bathroom at home. In an office environment be respectful; Keep the place nice for others, if not yourself.

Don't........ Put paper towel or feminine hygiene products in the toilet; Use the garbage can we provide in the bathroom.

Thank you for helping us keep the bathroom clean and neat!

要……保持乾淨。請將垃圾投入垃圾桶內、保持洗手台乾淨、擦乾檯面上的水漬、不要尿在馬桶圈上。

要……沖水！請再三確認沖乾淨後才離開。

要……對它比對你家的廁所更好！在工作場所需要尊重他人；就算不為自己，也請為他人保持乾淨的如廁環境。

請不要……將廁紙或女性衛生用品投入馬桶；請將垃圾投入垃圾桶中。

感謝您的配合，讓我們一同保持廁所的乾淨整潔。

一張標語能輕易引發抗拒感是讓人意想不到的。一名叛逆者表示：「就算我不抽菸，可是一看到『請勿抽菸，感謝您』之類的標語，我就想抽了！我討厭這種語帶命令的感覺，那我就偏要做。」

我非常喜歡紐約社會圖書館的寫作室。有一次，我在裡面發現一張很聰明的告示，短短幾個字就適用於四種傾向的人：

這張海報之所以能吸引自律者：這是規則，請遵守；這張海報也能吸引質疑者：因為食物會招蟲，而蟲會破壞書籍，這就是「請勿飲食」的原因；在盡責者看來：看

請勿抽菸，感謝您

請注意！
地板上發現螞蟻，
請協助保護館藏。
請勿飲食。

到螞蟻，圖書館員就知道有人違規，所以不能吃東西！在叛逆者看來：使用寫作室的人都是愛書者、非常重視書籍，所以會選擇保護館藏、尊重圖書館員的要求——還有，誰會想在滿地螞蟻的地方工作？

華盛頓特區的威拉德酒店浴室裡的告示，能同時說服自律者、質疑者、盡責者與叛逆者。請注意最後一行放大的字，擺明是對叛逆者說的。

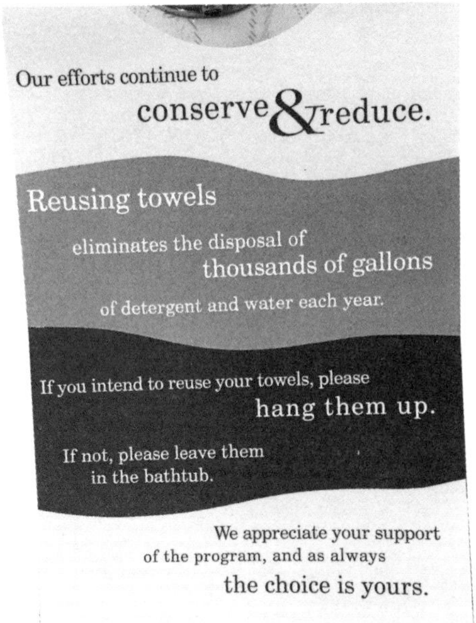

請共同努力節省資源＆減少浪費！
重複使用毛巾，每年能省下數千加侖的清潔劑與水資源。
如果毛巾要重複使用，請掛在牆上；如果需要替換，請放在浴缸。
感謝您的支持，一如往常，決定權在您手中。

佛羅里達州阿美利亞島上的麗池酒店，顯然有客人不隨手關門的問題。我可以想像有些人會想：「我為什麼要在意水珠凝結？那是飯店長期的問題。但是如果沒有冷氣、蟲子飛進室內，那就是我的困擾了。」

DEAR GUEST
Please keep sliding doors
closed at all times
Florida high humidity will cause
heavy condensation & water damag
A/C will turn off if door is open
Flying insects will enter the room

親愛的客人：

請隨手關門，
佛羅里達濕氣較高，容易造成
水珠凝結與損壞，
如果拉門敞開，冷氣將自動關
閉，昆蟲會飛進房中。

下列標語也能引起四種傾向族群的注意：訊息、後果、選擇，而且再加上個人定位選擇（愛心）應該管用。

狗兒的小便影響植物生長、大便造成空氣異味。

請飼主發揮愛心，協助維持環境整潔。

謝謝。

若要有效傳遞重要訊息，就必須引起各傾向的共鳴。當桑迪颶風侵襲紐約市時，市長彭博（Michael Bloomberg）下令特定區域附近的居民撤離，但許多人都拒絕離開——在自律者的我看來，這非常不可思議。

如果想要說服市民撤離家園，市長該怎麼說呢？

如果自律者知道這是政府的期待，他們就會同意撤離。因此在告示上應該清楚表示，居民皆應撤離。說服自律者不用花太多時間。

如果質疑者相信此為合理措施，他們就會同意撤離。因此在告示上應該要提出合理理由，颶風在何時、何地會出現，及其等級、風險性，以及為何需要撤離、為何特定區域的民眾較危險、為何堅固的房屋依然有其風險存在。告示也應該說明該決定是諮詢專家（氣象學家、工程師、建築師）後的意見，並與先前的颶風做比較，因為人們如果不曾感受過災情，就很難想像此次颶風的危險性。

如果有外部問責的力量，盡責者就會撤離。因此在告示上應該強調未撤離對家人的影響，以及讓相關人員處於風險中；政府工作人員會知道居民是否有撤者，如果拒絕撤離要面臨罰款。還要提醒民眾照顧家人與鄰居安全的責任，當一個模範市民。同時也要強調，撤離是照顧他人（包括寵物）最好的方法。

叛逆者討厭人家告訴他們該怎麼做，但可以表示若留下不走，自由與安全會受到限制。告示上應該要強調，留下的人會被困在原地數日，房屋會受到嚴重破壞，很可能會停電、停水、沒電梯、沒公共交通運輸，當然也沒有中餐外賣。

此外，市長也應告知民眾，政府會公示未撤離者民眾姓名；無論個人傾向為何，匿名的表現是一回事，公示姓名的表現又是另一回事了。

因為我很喜歡觀察與傾向相關的標語，只要我去拜訪公司，我都會習慣看一眼廚房；在冰箱和洗手台附近的標示語可以看出該如何表達才有（或沒有）說服力。在「更好app」上，我提出一個問題讓各種傾向的人表達意見：「針對公司廚房洗手槽裡的髒碗盤，該寫什麼標語才好？」

有位盡責者建議：

感謝您自行處理碗盤。請將碗盤放入洗碗機內，如果洗碗機已滿，請先取出洗淨後碗盤，再行放入。如果洗碗機清洗中，請在水槽內先行沖洗，稍後再回來處理。令堂不在公司，沒人會幫你收拾。

我心想，哇，這段話肯定沒用，原因有很多。

某些好的想法根本就沒有體現在標語上。舉個例子，如果每個人都有專屬的馬克杯，如果能說照顧好「你的馬克杯」，效果會比較強烈，而且如此一來，就不會因為沒有名字而隨手放在洗手槽裡。

但在標語上，小組成員認為最好的內容還是要呈現訊息—後果—選擇，或是根本就別貼標語，但最棒的還是要有幽默感。幽默的標語也可以提供訊息而且好記，也不會引發抗拒感。從《呆伯特》（*Dilbert*）或《紐約客》（*The New Yorker*）上不難看出，卡通的效果會比寫一段話來的有效。我記得我曾在游泳池看過一句標語：「我們不是在你的廁所裡游泳。請勿在泳池裡撒尿。」至於公司廚房，一位叛逆者建議寫：「如果保持廚房乾淨，我們就會拿掉這張請大家保持廚房乾淨的標語。」

在所有的情況中，建構適合四種傾向的期待可以為彼此帶來更多合作的機會，讓事情更加完整，並且能減少摩擦。在大部分的情況下，我們會用適合自己的策略以期能影響他人；不過，四種傾向是要幫助我們提供他人所需的說法，而不是我們所要的觀點。如此一來，善用四種傾向，便能更加和諧的與人共事。

後記

無論個人傾向為何，都要懂得善用長處

正如咖啡生長在……海拔七千〔英尺〕以下而雪松生長在七千英尺之上，我相信每個人的成長都需要有特定的土壤、溫度與海拔高度，這對某些人來說或許有些狹隘，但對許多人而言卻是通則。也就是說，為了自由與快樂，應該要讓本性盡情自由發展。我相信，無論是在苦修士修道院或柏林的法院裡，每個人都可以感受到完全的自由；但我想，那得是多麼不平凡的人、不尋常的優雅性格，才能在這兩處地方享受自由。

——伊莎．丹尼森／信件／一九二三年八月十九日一個人的傾向會塑造出他的經驗與觀點，我們對不同的情況有不同的因應及表達方式，並且在不同的環境中開花結果。

但無論一個人的傾向為何，若能具備經驗與智慧，便能針對個人傾向揚長補短。

某日午後，在我演講完四種傾向後，一位男子問我：「哪一種傾向讓人最快樂？」

我很訝異自己竟然從沒想過這個問題。

「還有，」他繼續問：「哪一種傾向最成功？」

我發現答案往往是「視情況而定」，取決於每個人如何處理自身傾向的優缺點。

最快樂、最成功的人，往往是知道如何為個人利益善用傾向長處，也懂得如何平衡自己的不足。人人都可以一步步打造自己想要的生活，但必須是以對自己正確的方式進行。

叛逆者小說家約翰・加德納（John Gardner）有一句話一直縈繞在我腦海裡：「每一次你違反法律，你要付出代價；每一次你遵守法律，你也要付出代價。」無論是自律者、質疑者、盡責者或叛逆者，我們每個人都必須承擔個人傾向所造成的後果，無論好壞。

當我們認識自己的傾向後，便能更好的掌握以何種方法、在何時付出代價，以及知道代價的原因——進而打造想要的人生。

Style 021

理想生活的起點：善用四種天生傾向，改變習慣與人際關係，讓日子越過越輕鬆

The Four Tendencies: The Indispensable Personality Profiles That Reveal How to Make Your Life Better

作　　者／葛瑞琴・魯賓（Gretchen Rubin）
譯　　者／張瓅文
企劃選書、責任編輯／韋孟岑
版　　權／吳亭儀、翁靜如、黃淑敏
行 銷 業 務／張媖茜、黃崇華
總　編　輯／何宜珍
總　經　理／彭之琬
發　行　人／何飛鵬
法 律 顧 問／元禾法律事務所　王子文律師
出　　版／商周出版
臺北市中山區民生東路二段141號9樓
電話：(02) 2500-7008　傳眞：(02) 2500-7759　E-mail：bwp.service@cite.com.tw
發　　行／英屬蓋曼群島商家庭傳媒股份有限公司城邦分公司
臺北市中山區民生東路二段141號2樓
讀者服務專線：0800-020-299　24小時傳眞服務：(02)2517-0999
讀者服務信箱E-mail：cs@cite.com.tw
劃 撥 帳 號／19833503　戶名：英屬蓋曼群島商家庭傳媒股份有限公司城邦分公司
訂 購 服 務／書虫股份有限公司客服專線：(02)2500-7718；2500-7719
服務時間：週一至週五上午09:30-12:00；下午13:30-17:00
24小時傳眞專線：(02)2500-1990；2500-1991
劃撥帳號：19863813　戶名：書虫股份有限公司　E-mail：service@readingclub.com.tw
香港發行所／城邦(香港)出版集團有限公司
香港 灣仔 駱克道193號東超商業中心1樓
電話：(852) 2508-6231　傳眞：(852) 2578-9337
馬新發行所／城邦(馬新)出版集團
Cité (M) Sdn. Bhd. (458372U)
11, Jalan 30D/146, Desa Tasik, Sungai Besi, 57000 Kuala Lumpur, Malaysia.
電話：(603)9056-3833　傳眞：(603)9056-2833
商周出版部落格／http://bwp25007008.pixnet.net/blog
行政院新聞局北市業字第913號

封 面 設 計／萬勝安　內頁設計&排版／蔡惠如
印　　刷／卡樂彩色製版印刷有限公司
經　銷　商／聯合發行股份有限公司
客服專線：0800-055-365　電話：(02)2668-9005　傳眞：(02)2668-9790

2018年（民107）08月07日初版
2023年（民112）01月05日初版4刷
Printed in Taiwan　定價350元

城邦讀書花園
www.cite.com.tw

ISBN 978-986-477-511-8

國家圖書館出版品預行編目（CIP）資料
理想生活的起點：善用四種天生傾向，改變習慣與人際關係，讓日子越過越輕鬆 / 葛瑞琴.魯賓(Gretchen Rubin)著 ; 張瓅文譯. -- 初版. -- 臺北市 : 商周出版 : 家庭傳媒城邦分公司發行, 民107.08
304面 ; 14.8x21公分
譯自 : The Four Tendencies: the indispensable personality profiles that reveal how to make your life better
ISBN 978-986-477-511-8(平裝)
1.自我實現 2.成功法　177.2　107011697

商周出版

廣　告　回　函
北區郵政管理登記證
北臺字第000791號
郵資已付，免貼郵票

104　台北市民生東路二段141號2樓

英屬蓋曼群島商家庭傳媒股份有限公司城邦分公司　收

請沿虛線對摺，謝謝！

商周出版

書號：Style 021　書名：理想生活的起點：善用四種天生傾向，改變習慣與人際關係，讓日子越過越輕鬆
編碼：

請於此處用膠水黏貼

商周出版

讀者回函卡

謝謝您購買我們出版的書籍！請費心填寫此回函卡，我們將不定期寄上城邦集團最新的出版訊息。

姓名：____________________

性別：□男　□女

生日：西元 ________ 年 ________ 月 ________ 日

地址：____________________

聯絡電話：____________ 傳真：____________

E-mail：____________________

職業：□1.學生 □2.軍公教 □3.服務 □4.金融 □5.製造 □6.資訊
□7.傳播 □8.自由業 □9.農漁牧 □10.家管 □11.退休
□12.其他 ____________

您從何種方式得知本書消息?

□1.書店□2.網路□3.報紙□4.雜誌□5.廣播 □6.電視 □7.親友推薦
□8.其他 ____________

您通常以何種方式購書?

□1.書店□2.網路□3.傳真訂購□4.郵局劃撥 □5.其他 ________

您喜歡閱讀哪些類別的書籍?

□1.財經商業□2.自然科學 □3.歷史□4.法律□5.文學□6.休閒旅遊
□7.小說□8.人物傳記□9.生活、勵志□10.其他 ________

對我們的建議：
____
____
____
____

請於此處用膠水黏貼

STYLE

STYLE

STYLE

STYLE